Construction and Evaluation of Green Road

绿色公路建设与评价

王随原　徐　剑　黄颂昌　编著

人民交通出版社股份有限公司
China Communications Press Co.,Ltd.

内 容 提 要

本书内容包括国内外基础设施评价体系现状、我国典型公路工程建设能耗分析评价、我国绿色公路相关实践和应用技术、我国绿色公路评价体系构建思路、绿色公路的评价体系、指标说明等。

本书可供从事道路工程专业的科研、设计、施工及管理人员参考，亦适合高等院校与科研机构的教师及相关专业技术人员学习参考。

图书在版编目(CIP)数据

绿色公路建设与评价 / 王随原，徐剑，黄颂昌编著
. —北京 ：人民交通出版社股份有限公司,2017.4
ISBN 978-7-114-13472-2

Ⅰ.①绿… Ⅱ.①王… ②徐… ③黄… Ⅲ.①道路工程—道路建设—评价 Ⅳ.①U41

中国版本图书馆 CIP 数据核字(2017)第 277309 号

书　　名：**绿色公路建设与评价**
著 作 者：王随原　徐　剑　黄颂昌
责任编辑：任雪莲
出版发行：人民交通出版社股份有限公司
地　　址：(100011)北京市朝阳区安定门外外馆斜街 3 号
网　　址：http://www.ccpress.com.cn
销售电话：(010)59757973
总 经 销：人民交通出版社股份有限公司发行部
经　　销：各地新华书店
印　　刷：北京鑫正大印刷有限公司
开　　本：787 × 960　1/16
印　　张：11.25
字　　数：205 千
版　　次：2017 年 4 月　第 1 版
印　　次：2017 年 4 月　第 1 次印刷
书　　号：ISBN 978-7-114-13472-2
定　　价：49.00 元

PREFACE 前言

交通运输是国民经济和社会发展的大动脉,同时又是国家节能减排和应对气候变化的重点领域之一,是生态文明建设不可或缺的重要一环。绿色交通是"四个交通"(综合交通、智慧交通、绿色交通、平安交通)的重要组成部分,是当前和今后一个时期交通运输发展的重点方向之一,其核心是以资源环境承载力为基础,以节约资源、提高能效、控制排放、保护环境为目标,加快推进绿色循环低碳交通基础设施建设、节能环保运输装备应用、集约高效运输组织体系建设,推动交通运输转入集约内涵式的发展轨道。公路交通每年完成的客运量和货运量占比长期保持高位,在综合交通运输体系中具有十分突出的重要性和基础性地位,因此绿色公路是绿色交通的应有之义和不可或缺的重要组成部分。

我国虽然在绿色公路相关的研究和实践方面做了大量工作,然而已有文献并没有清晰说明"绿色公路"的定义、内涵和外延,绿色、低碳、节能、环保、循环等概念交叉重叠。公路工程项目虽然应用一些具有绿色特征的工程技术,但总的来说缺少系统性、综合性和多角度考虑,这制约了公路基础设施向着更加可持续的方向发展。

本书回顾了国内外基础设施绿色体系,分析了国内典型公路工程能耗,以及绿色公路相关的实践和应用技术现状,在此基础上构建了绿色公路评价体系。全书共6章,第1章为绪论,第2章为国内外基础设施绿色评价体系,第3章为国内典型公路工程建设能耗分析评价,第4章为国内绿色公路相关实践和应用技术概况,第5章为我国绿色公路评价体系的构建思路,第6章为绿色公路评价体系。另外,在附录部分提供了沥青混凝土绿色拌和站建设和运营管理指南、目前国内绿色公路建设使用的典型技术以及交通运输部发布的《关于实施绿色公路建设的指导意见》。

本书得到了科学技术部国际科技合作研究计划、交通运输部软科学研究项目等科技项目的支持。本书由交通运输部公路科学研究院王随原、徐剑、黄颂昌编著，交通运输部公路科学研究所曾蔚副研究员、石小培工程师、秦永春研究员，交通运输部科学研究院李忠奎研究员、张毅工程师，重庆市交通委员会工程质量安全监督局沈小俊正高工、李铁军高工，广东省长大公路工程有限公司杨东来教授级高工、曾利文高工等参与了本书相关研究或相关内容编写。本书撰写过程中还得到了诸多研究人员和单位的大力支持和帮助，在此表示衷心的感谢。

由于作者水平有限，书中难免存在错误和不足，望读者批评指正。

作　者

2016 年 12 月

CONTENTS 目录

1 绪　　论

1.1 背景和意义

党的十八大和十八届五中全会对生态文明建设做出了重要部署,提出“推进绿色发展、循环发展、低碳发展”和“建设美丽中国”的构想,并指出:建设生态文明,是关系人民福祉、关乎民族未来的长远大计。面对资源约束趋紧、环境污染严重、生态系统退化的严峻形势,必须树立尊重自然、顺应自然、保护自然的生态文明理念,把生态文明建设放在突出地位,融入经济建设、政治建设、文化建设、社会建设各方面和全过程,努力建设美丽中国,实现中华民族永续发展。

交通运输是国民经济和社会发展的大动脉,同时又是国家节能减排和应对气候变化的重点领域之一,是生态文明建设不可或缺的重要一环。交通运输部高度重视绿色交通发展,在2014年全国交通运输工作会议上提出了要集中力量加快推进“四个交通”(综合交通、智慧交通、绿色交通、平安交通)发展,使绿色交通成为当前和今后一个时期交通运输发展的重点方向之一,其核心是以资源环境承载力为基础,以节约资源、提高能效、控制排放、保护环境为目标,加快推进绿色循环低碳交通基础设施建设、节能环保运输装备应用、集约高效运输组织体系建设,推动交通运输转入集约内涵式的发展轨道。在推进绿色交通建设过程中,绿色公路是绿色交通的应有之义和不可或缺的重要组成部分,是公路实现可持续发展的必然选择。

欧美发达国家十分重视公路的绿色发展。例如,美国提出了绿色公路评级系统(The Greenroads Rating System),从环境保护计划、寿命周期费用分析、寿命周期清单、施工质量控制、废旧物管理计划、污染预防计划、路面管理系统等11个方面对公路项目的可持续发展水平进行量化评价。交通运输部在绿色公路发展方面发布了《公路水路交通节能中长期规划纲要》等文件,制定了《公路沥青路面再生技术规范》(JTG F41—2008)等标准,开展了温拌沥青、路面再生、粉煤灰筑路等相关技术研究,组织实施了科技示范路和绿色低碳公路主题性试点,取得了实实在在的效果。但是,已有政策文件没有明确绿色公路的定义及其内涵和外延,绿色、低碳、节能、环保、循环等概念交叉重叠;已有研究主要针对具体的工程技术,繁杂、零散,系统性不强,制约了公路基础设施向着更加可持续的方向发展。

通过绿色公路的概念,对公路基础设施领域的相关技术进行整合,加以引领和统筹,使之系统化、体系化,将对推动公路基础设施的可持续发展起到事半功倍的效果。例如,建设部2006年发布了《绿色建筑评价标准》,提出绿色建筑的概念。财政部2012年发布《关于加快推动我国绿色建筑发展的实施意见》。国务院2013年1月发布《国务院办公厅关于转发发展改革委、住房城乡建设部〈绿色建筑行动方案〉的通知》,提出“十二五”期间完成新建绿色建筑10亿m^2;到2015年年末,20%的城镇新建建筑达到绿色建筑标准要求,显著推动了建筑领域的绿色发展。

因此,提出绿色公路定义与特征,构建科学、可行的绿色公路的评价体系,将公路绿色发展、低碳发展、循环发展、可持续发展等新理念落到实处、厘清思路,引领公路基础设施向着更加可持续的方向发展,助力“四个交通”建设,十分必要。

1.2 本书结构

本书结构如下:

(1)第一章阐述了我国绿色公路建设的背景和必要性。

(2)第二章论述了国外绿色建筑、绿色公路评价体系和相关评价工具,以及国内绿色建筑和绿色公路评价体系研究和应用现状。

(3)第三章分析了国内典型高速公路工程建设能耗情况,分析了施工和养护过程中各分部工程的重要节能环节。

(4)第四章阐述了国内已有与绿色公路相关的公路工程建设实践,归纳总结其设计、施工和养护经验以及使用的相关技术和工艺。

(5)第五章提出了我国绿色公路的定义与内涵,提出了绿色公路评价体系的构建原则以及指标构成情况。

(6)第六章详细阐述了我国绿色公路评价体系的基本说明以及各指标的含义、评分要求。

(7)基于绿色施工是绿色公路重要组成部分的理念,附录1给出了沥青混凝土绿色拌和站建设和运营管理指南。

(8)附录2介绍了目前国内绿色公路建设使用的典型技术。

(9)附录3为交通运输部《关于实施绿色公路建设的指导意见》,方便读者查阅。

2 国内外基础设施绿色评价体系

2.1 国外绿色建筑评价体系

建筑行业是在绿色评价体系方面最早开始相关研究的行业之一。20 世纪 90 年代以来,世界各国都发展了各种不同类型的绿色建筑评价体系,为绿色建筑的实践和推广做出了重大的贡献。如英国的《建筑环境评估法》(BREEAM,1990),美国的《能源与环境设计认证》(LEED,1995),加拿大等国的 GBTool(1996),日本的建筑物综合环境性能评价体系(CASEBEE,2003),澳大利亚的建筑环境评价体系(NABERS,2003),挪威的 EcoProfiel,法国的 ESCALE 等(表 2-1)。这些评价体系中的定量评分体系,对评价内容尽可能采用模拟预测的方法得到定量指标,再根据定量指标进行分级评分。对于难以定量预测的内容,采用定性分析、分级打分的方法。

国内外绿色建筑评价体系 表 2-1

评价体系	国家及地区	时间(年)	数据库	评价对象	权重体系	评价结果
BREEAM	英国	1990	有	新建和既有建筑	二级	4 个等级
LEED	美国	1995	无	新建和既有建筑	一级	4 个等级
HK_BEAM	中国香港	1996	借鉴 BREEAM	新建和既有建筑	二级	4 个等级
GBTool	加拿大等	1998	共有多国数据库	办公、住宅、学校、工业建筑	四级	5 个等级
CASEBEE	日本	2003	有	新建和既有建筑	三级	5 个等级
NABERS	澳大利亚	2003	无	既有住宅、办公建筑	一级	5 个等级

2.2 美国绿色公路评级系统

美国的绿色公路评级系统(The Greenroads Rating System)定义了路面可持续性的属性,建立了路面可持续性水平的量化评价办法。该分级系统对公路工程项目的评价包括 11 项强制性要求、满分 108 分的 5 大类 37 项评分项(对每个评分项根据重要性的不同赋予 1 ~ 5 分的分值)、不超过 10 分不超过 2 项的自定义项,满分 108 分,详见表 2-2。在满足全部强制性要求的前提下,根据评分值的高低确定公路工程项目的等级:64 分以上为常绿,54 ~ 63 分为金牌,43 ~ 53 分为银牌,32 ~ 42 分为合格,达到合格及以上等级的项目均可称为绿色公路(Greenroads, 2009)。美国绿色公路涉及内容示意如图 2-1 所示。

Greenroads(v1.5)评分系统 表 2-2

编号		评价内容	分值
强制性要求(PR)			
PR-1		环保审查过程	—
PR-2		生命周期费用分析(LCCA)	—
PR-3		生命周期清单(LCI)	—
PR-4		质量控制计划	—
PR-5		减噪计划	—
PR-6		废弃物管理计划	—
PR-7		污染预防计划	—
PR-8		低影响开发	—
PR-9		路面管理系统	—
PR-10		现场保持计划	—
PR-11		教育拓展	—
评分项			
环境和水(EW,21 分)	EW-1	环境管理系统	2
	EW-2	径流控制	1 ~ 3
	EW-3	径流质量	1 ~ 3
	EW-4	暴雨费用分析	1
	EW-5	现场植被	1 ~ 3
	EW-6	栖息地恢复	3
	EW-7	生态联结性	1 ~ 3
	EW-8	光污染	3
通达性和公平性(AE,30 分)	AE-1	安全审计	1 ~ 2
	AE-2	智能交通系统(ITS)	2 ~ 5
	AE-3	敏感环境的解决方案	5
	AE-4	交通减排	5
	AE-5	人行道	1 ~ 2
	AE-6	自行车道	1 ~ 2

续上表

编　号		评价内容	分　值
通达性和公平性（AE,30 分）	AE-7	公共交通车道	1～5
	AE-8	景观	1～2
	AE-9	文化拓展	1～2
施工活动（CA,14 分）	CA-1	质量管理系统	2
	CA-2	环保培训	1
	CA-3	现场回收计划	1
	CA-4	降低化石燃料消耗	1～2
	CA-5	非道路施工设备减排	1～2
	CA-6	铺路过程减排	1
	CA-7	水利用跟踪	2
	CA-8	承包商质量担保	3
材料和资源（MR,23 分）	MR-1	生命周期评价（LCA）	2
	MR-2	路面重复利用	1～5
	MR-3	土石方平衡	1
	MR-4	再生材料	1～5
	MR-5	当地材料使用（材料运距）	1～5
	MR-6	能源效率	1～5
路面技术（PT,20 分）	PT-1	长寿命路面	5
	PT-2	透水路面	3
	PT-3	温拌沥青	3
	PT-4	降温路面	5
	PT-5	降噪路面	2～3
	PT-6	路面使用性能跟踪	1
自定义项目得分（CC）			
自定义（CC,10 分）	CC-1	自定义项一	1～5
	CC-2	自定义项二	1～5
合计分值			118

对于每一评分项，都有具体的评分方法。例如，PT-3 温拌沥青的评分方法是：沥青混合料生产温度降低 50℉（1℉ = －17.22℃）以上，且使用温拌沥青混合料占整个项目沥青混合料总用量的质量百分比不低于 50%，得 3 分，否则得 0 分；MR-2 路面重复利用的评分方法是：路面重复使用率达到 50%、60%、70%、80%、90% 分

别得 1 分、2 分、3 分、4 分、5 分；MR-4 再生材料使用的评分方法是：只考虑沥青结合料或者只考虑沥青混合料时，再生料使用比例达到 10%、20%、30%、40%、50%，分别得 1 分、2 分、3 分、4 分、5 分，考虑所有路面材料或者所有筑路材料时，再生料使用比例达到 20%、30%、40%、50%、60%，分别得 1 分、2 分、3 分、4 分、5 分。

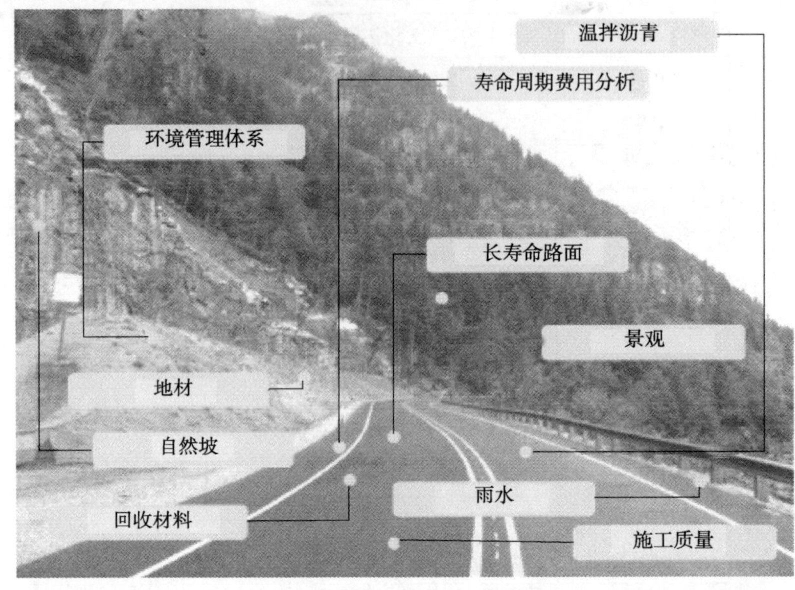

a)

b)

图 2-1　美国绿色公路涉及内容的示意

2.3 美国基础设施可持续性评估系统

美国联邦公路局于 2010 年提出了基础设施可持续性评价系统(Infrastructure Voluntary Evaluation Sustainability Tool,INVEST)。该系统从社会(Social)、经济(Economic)、环境(Environment)三个方面定义了公路的可持续性特征,提出了公路建设项目应该满足"三底线"原则。

该系统从路网规划、项目设计施工、项目运营养护三个环节入手进行评价,这是与 Greenroads 评价系统最大的不同。INVEST 中的系统规划环节设置 16 个评分项,设计施工环节设置 29 个评分项,运营养护环节设置 15 个评分项,各环节可分开使用、分别评分,见表 2-3 ~ 表 2-5。对于设计施工环节,根据项目的工程特点的不同划分为六类,每一类的评分项是从 29 个评分项中抽取部分评分项组合而成的。例如,对于路面养护工程,就无须考虑填挖平衡、ITS 系统等内容,评分项只有 12 个。同时他们认为,根据该系统评分的高低进行不同项目之间的优劣对比是不适合的。

系统规划的评价项目 表 2-3

标准编号和名称	三底线原则		
	环境	社会	经济
SP-1 集成规划:土地占用和经济发展			√
SP-2 集成规划:自然环境	√		
SP-3 集成规划:社会		√	
SP-4 可通达性		√	
SP-5 安全规划		√	√
SP-6 多种运输模式		√	√
SP-7 货运规划			√
SP-8 交通需求管理	√	√	√
SP-9 空气质量	√	√	
SP-10 能量和燃油	√	√	√
SP-11 财政可持续性			√
SP-12 分析方法	√	√	√
SP-13 拥堵管理	√	√	√
SP-14 资产管理和规划的联系	√		√
SP-15 规划和国家环境政策法令(NEPA)的联系	√	√	√
SP-16 基础设施的弹性	√	√	

项目实施的评价项目　　表 2-4

标准编号和名称	三底线原则		
	环境	社会	经济
PD-01 费用效益分析	√	√	√
PD-02 公路和交通安全		√	√
PD-03 环境敏感的项目开发	√	√	√
PD-04 生命周期费用分析	√		√
PD-05 货运机动性	√		√
PD-06 教育拓展	√	√	√
PD-07 跟踪环保承诺	√	√	
PD-08 栖息地恢复			
PD-09 洪水	√		
PD-10 生态联结性	√	√	√
PD-11 材料的回收和再利用	√		√
PD-12 开发可再生能源	√		√
PD-13 场地植被	√		√
PD-14 人行道	√	√	√
PD-15 自行车道	√	√	√
PD-16 客运公共交通与合乘车车道	√	√	√
PD-17 历史、考古和文化保护		√	
PD-18 风景、自然或休闲品质		√	
PD-19 低排放材料	√	√	
PD-20 节能照明	√		√
PD-21 系统运营的 ITS	√	√	√
PD-22 长寿命路面设计	√		√
PD-23 路面材料节能减排	√	√	√
PD-24 承包商质量担保	√		√
PD-25 土石方平衡	√		√
PD-26 施工环境培训	√		
PD-27 施工设备减排	√	√	
PD-28 施工噪声减少	√	√	
PD-29 施工质量控制计划	√		√
PD-30 施工废物管理	√		√

运营养护的评价项目 表 2-5

标准编号和名称	三底线原则		
	环境	社会	经济
OM-01 可持续性计划	√	√	√
OM-02 环保承诺跟踪系统	√	√	√
OM-03 路面管理系统	√	√	√
OM-04 桥梁管理系统	√	√	√
OM-05 养护管理系统	√	√	√
OM-06 公路基础设施养护	√	√	√
OM-07 路侧和设施养护	√	√	√
OM-08 交通控制基础设施养护	√	√	√
OM-09 雪和冰的控制	√	√	√
OM-10 工作区交通控制	√	√	√
OM-11 交通管理和运营	√	√	√
OM-12 安全管理	√	√	√
OM-13 可再生能源利用	√		√
OM-14 燃油效率	√	√	
OM-15 循环和再利用	√		√

2.4 加拿大路面可持续评价系统

加拿大安大略省首个路面可持续评价系统(Greenpave)类似于 LEED 的评价系统。该系统从四个方面对项目进行评分(总分为 36 分),包括路面设计技术、材料和资源、能源和环境、创新和设计过程。每一大类又进行细分,其中路面设计技术涵盖长寿命路面、透水路面、降噪路面和低温路面。评级分为四个等级,分别为铜(7 ~ 10 分)、银(11 ~ 14 分)、金(15 ~ 19 分)、绿色(20 分以上)。

2.5 国外的其他相关评价工具

加拿大施工协会出版的《加拿大道路建造者道路修复节能指南》(Canadian Construction Association, 2005)提供了道路施工和养护过程中节能的方法,并提供了拌和楼操作和现场施工操作时如何节能的一些建议。

巴斯夫(BASF)公司开发了一种生态有效性的分析方法。该方法从 6 个方面考虑和评价一个系统,包括原材料、土地使用、能耗、排放、潜在毒性和潜在风险,可用于评价不同路面工艺(包括热拌沥青混合料加铺层、微表处和碎石封层)的生态有效性(Wall, 2004)。研究发现,相比热铺的碎石封层,冷拌系统(如微表处)消耗更少的能量,更具有生态有效性。

2.6 我国的相关评价标准

2.6.1 建设部《绿色建筑评价标准》

建设部《绿色建筑评价标准》(GB/T 50378—2014)可以评价居住建筑和公共建筑,该标准将绿色建筑定义为:在建筑的全寿命周期内,最大限度地节约资源(节能、节地、节水、节材)、保护环境和减少污染,为人们提供健康、适用和高效的使用空间,与自然和谐共生的建筑。

绿色建筑评价指标体系由节地与室外环境、节能与能源利用、节水与水资源利用、节材与材料资源利用、室内环境质量、施工管理、运营管理 7 类指标组成。每类指标均包括控制项和评分项。评价指标体系还统一设置加分项。设计评价时,不对施工管理和运营管理 2 类指标进行评价,但可预评相关条文。运行评价应包括 7 类指标。控制项的评定结果为满足或不满足;评分项和加分项的评定结果为分值。

评价指标体系 7 类指标的总分均为 100 分。7 类指标各自的评分项得分 Q_1、Q_2、Q_3、Q_4、Q_5、Q_6、Q_7 按参评建筑该类指标的评分项实际得分值除以适用于该建筑的评分项总分值再乘以 100 分计算。加分项的附加得分为 Q_8,按该标准第 11 章的有关规定确定。

绿色建筑评价的总得分按式(2-1)进行计算,其中评价指标体系 7 类指标评分项的权重 $w_1 \sim w_7$ 按表 2-6 取值。

$$\Sigma Q = w_1 Q_1 + w_2 Q_2 + w_3 Q_3 + w_4 Q_4 + w_5 Q_5 + w_6 Q_6 + w_7 Q_7 + Q_8 \tag{2-1}$$

绿色建筑各类评价指标的权重 表 2-6

各类评价指标的权重		节地与室外环境 w_1	节能与能源利用 w_2	节水与水资源利用 w_3	节材与材料资源利用 w_4	室内环境质量 w_5	施工管理 w_6	运营管理 w_7
设计评价	居住建筑	0.21	0.24	0.20	0.17	0.18	—	—
	公共建筑	0.16	0.28	0.18	0.19	0.19	—	—
运行评价	居住建筑	0.17	0.19	0.16	0.14	0.14	0.10	0.10
	公共建筑	0.13	0.23	0.14	0.15	0.15	0.10	0.10

注:1. 表中"—"表示施工管理和运营管理两类指标不参与设计评价。

2. 对于同时具有居住和公共功能的单体建筑,各类评价指标权重取为居住建筑和公共建筑所对应权重的平均值。

绿色建筑分为一星级、二星级、三星级 3 个等级。3 个等级的绿色建筑均应满足所有控制项的要求，且每类指标的评分项得分不应小于40分。当绿色建筑总得分分别达到50分、60分、80分时，绿色建筑等级分别为一星级、二星级、三星级。对多功能的综合性单体建筑，应按本标准全部评价条文逐条对适用的区域进行评价，确定各评价条文的得分。

2.6.2 其他相关标准和研究

受交通运输部政策法规司委托，交通运输部公路科学研究所于2013年编制了“绿色低碳公路建设评价指标体系”（表2-7），作为评估交通运输节能减排专项资金申请项目的重要依据。该评价体系综合考虑了节能、减排、节水、节地、节材，从节能评估、绿色低碳水平、管理行为、项目前期、工程实施、其他六个方面对公路工程项目的绿色低碳水平进行评价。

交通运输部“绿色低碳公路建设评价指标体系” 表2-7

目标层	准则层（指标数量，权重）	指标层	指标数量（权重）
绿色低碳公路	前置条件（3,5）	节能评估与安全生产	3(5)
	绿色低碳水平（6,12）	节能量	3(6)
		减排量	1(2)
		节水量	1(2)
		节地量	1(2)
	管理行为（14,18）	组织机构建设	2(2)
		制度建设	3(3)
		制度执行与落实	3(3)
		招标	2(2)
		交工验收	1(1)
		交流与培训	2(2)
		宣传	1(5)
	项目前期（3,3）	预可、工可	3(3)
	工程实施（45,60）	设计	26(36)
		施工	6(9)
		运营	8(8)
		养护	5(7)
	其他（1,2）	其他绿色低碳措施	1(2)

云南云岭高速公路养护绿化工程有限公司与长安大学等编制了云南省地方标准《绿色公路评价标准》(DB 53/T 449—2013)(以下简称《标准》)。它将绿色公路定义为:基于可持续发展定义及要求,将一系列优良的可持续发展实践运用到道路设计和施工过程中,创造最大限度地节约能源、保护环境、减少污染,服务质量高的道路项目。

该《标准》提出的绿色公路评价指标体系由控制项和自选项两大类组成。控制项为申请绿色公路项目必须达到的指标,共 12 项。自选项共有 36 个,计 108 分,根据道路项目的不同自行选择,每项自选项由其对可持续性影响大小配以一定的分值(通常是 1 ~5 分)。允许特定项目或组织制定自定义项,这些自定义项可占额外的 10 分,加上自选项的 108 分,共计 118 分。根据以下标准决定绿色公路的等级:

(1)合格绿色公路:达到所有控制项要求加 32 ~42 自选项得分(占总分的 30% ~40%)。

(2)银牌绿色公路:达到所有控制项要求加 43 ~53 自选项得分(占总分的 40% ~50%)。

(3)金牌绿色公路:达到所有控制项要求加 54 ~63 自选项得分(占总分的 50% ~60%)。

(4)常绿绿色公路:达到所有控制项要求加 64 及以上自选项得分(占总分的 60% 以上)。

该《标准》是国内第一个有关绿色公路的地方性标准。将该《标准》与美国的绿色公路评价系统进行比较,可以发现云南省地方标准的评价指标体系、评价方案等全面参照了 Greenroads 的评价体系、指标、标准和方法,但在具体审查文件等方面考虑了我国基本建设程序与国外存在的差异。

3 国内典型公路工程建设能耗分析评价

交通运输是国民经济和社会发展的大动脉,是生态文明建设不可或缺的重要一环,同时又是国家节能减排与应对气候变化工作部署中确定的以低碳排放为特征的三大产业体系之一。建立低碳交通运输体系对于我国应对气候变化、实现碳减排目标具有重要作用。从这个意义上讲,节能减排是绿色公路不可缺少的一部分。

为了解和掌握高速公路工程施工总能耗以及各主要分部工程(路基、路面、桥梁、隧道)的施工能耗和养护能耗情况,本书采取了以下四种能耗计算分析方法:

(1)选择一条典型高速公路,根据施工图设计文件中的工程量清单和工程定额计算临时工程、路基工程、路面工程、桥涵工程、交叉工程、隧道工程和交通工程施工过程中消耗的重油、汽油、柴油、煤和电,然后将这些消耗的能源转化为标准煤,以此得到施工总能耗以及各分部工程的单位长度(1km)能耗。

(2)分别测算了既定工艺工序下1km填方路基工程、沥青路面工程、桥梁工程和隧道工程的施工能耗,分析了路基工程、沥青路面工程和隧道工程的施工能耗组成情况,并对沥青路面工程的施工能耗进行了实测验证。

(3)选取典型高速公路工程,分析运营期间服务区、收费站等沿线设施的用电能耗情况以及养护期间沥青路面养护能耗情况。

(4)在施工能耗实测的基础上,参照LCA方法,对沥青路面和水泥路面进行寿命周期能耗评价,主要评价了原材料生产和施工阶段的能耗。

3.1 总施工能耗计算

选取华北地区某山岭区高速公路进行分析,该高速公路主线全长98.9km,全线采用双向四车道高速公路标准建设,设计速度为80km/h,路基宽度为24.5m,采用沥青混凝土路面。按照其施工图设计文件和工程定额,计算各主要分部工程能耗情况,见表3-1、图3-1。

从表3-1、图3-1可以看出:

(1)该98.9km的双向四车道高速公路的施工总能耗为7.2万t标准煤,折算为单位里程(1km)能耗为728.9t标准煤。

某山岭区高速公路项目施工能耗分析　表 3-1

序号	能源类型	单位	分部工程							合计
			临时工程	路基工程	路面工程	桥涵工程	交叉工程	隧道工程	交通工程	
1	重油	kg	—	—	4 675 901	184 656	1 016 654	84 769	74 437	6 036 417
2	汽油	kg	—	165 108	448 688	4 661	137 073	146 756	416 762	1 319 048
3	柴油	kg	1 458 010	19 151 526	3 298 981	1 146 910	6 822 826	3 971 179	130 655	35 980 087
4	煤	t	9	—	577	29	91	5	1	712
5	电	kW·h	379 008	2 914 029	3 816 841	22 240 977	8 271 231	30 100 558	1 622 025	69 344 669
分部合计	标煤	t	2 177	28 507	13 028	4 696	12 677	9 826	1 110	72 022
分项里程		km	—	78	98.9	6	11	5	98.9	98.9

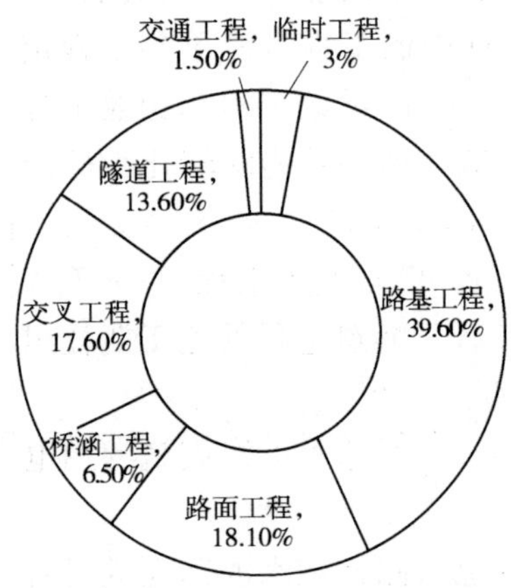

图 3-1　某山岭区高速公路施工能耗分布情况

(2)各分部工程的总能耗由高到低排序依次是路基工程、路面工程、交叉工程、隧道工程、桥涵工程、交通工程(如果将交叉工程合并进桥涵工程,则桥涵工程排在第二位)。这个排序很大程度上取决于各分部工程数量的多少。对于平原区的高速公路而言,路基工程量一般是最大的,能耗自然最多。而对于桥隧比例高达 50% 以上的高速公路而言,情况可能就不同了。

(3)将各分部工程换算成单位里程(1km)能耗,则各分部工程能耗从高到低依次是隧道工程、桥涵工程(含交叉工程)、路基工程、路面工程、交通工程,单位里程能耗分别为 2 007.0t 标准煤、1 013.2t标准煤、366.7t 标准煤、131.8t 标准煤、11.2t 标准煤。其中,隧道工程的单位里程施工能耗最高,数倍于其他分部工程;而交通工程的施工能耗几乎可以忽略不计。

3.2　分部工程施工能耗测算

3.2.1　填方路基工程

以 1km 双向四车道高速公路填方路基为对象,假设路基宽度 26m,边坡坡度 1:1,路基高度 3m,清表厚度 15cm,运土距离 10km。考虑清表、挖掘机挖装土、运土、推土、压实等几个主要工艺环节，根据交通运输部《公路工程预算定额》（JTG/T B06-02—2007）、《公路工程机械台班费用定额》（JTG/T B06-03—2007）的有关机械台班油耗数据，计算得到1km路基工程的总能耗、单位体积能耗（换算成1m³土石方的能耗），具体结果如表3-2所示。各工序能耗分布情况见图3-2。表3-2中计算得到的路基单位里程能耗低于3.1节的高速公路实例，主要是由于路基高度不同。

填方路基施工能耗分析 表3-2

序号	工序	设备	工程量	总台班	单位台班能耗（kg/台班）	能耗（kg柴油）
1	清表（厚度15cm）	135kW履带推土机	4 800m³	7.68	98.06	753.1
2	挖掘机挖装土	75kW履带推土机	87 000m³	24.36	54.97	1 339.1
		20m³ 履带挖掘机	87 000m³	112.23	92.19	10 346.5
3	运土	20t自卸货车（运距10km）	87 000m³	1 826.13	77.11	140 812.9
4	推土	240kW履带推土机（距离20m）	29 000m²	27.26	174.57	4 758.8
5	压实	120kW平地机	87 000m³	141.81	82.13	11 646.9
		6～8t光轮压路机	87 000m³	134.85	19.33	2 606.7
		20t振动压路机	87 000m³	153.12	105.6	16 169.5
合计柴油消耗量（kg/km）：138 790；折算成标准煤（t/km）：202； 单位体积能耗（kg柴油/m³，kg标准煤/m³）：1.6，2.3						

从表3-2及图3-2可以看出，在路基几何尺寸确定的情况下，对路基工程施工能耗影响最大的是土石方运输环节，该环节占到路基施工总能耗的74.7%。

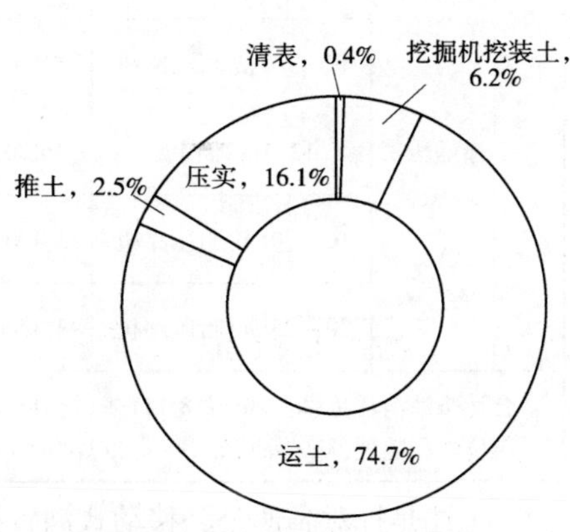

图3-2 填方路基施工各工序能耗分布情况

3.2.2 沥青路面工程

以厚度18cm、宽度19m（与26m宽度的路基对应）的1km长度高速公路沥青面层作为研究对象，同样按照交通运输部定额反推，计算得到1km沥青路面工程的总能耗和单位体积能耗，具体结果如表3-3所示。其中，

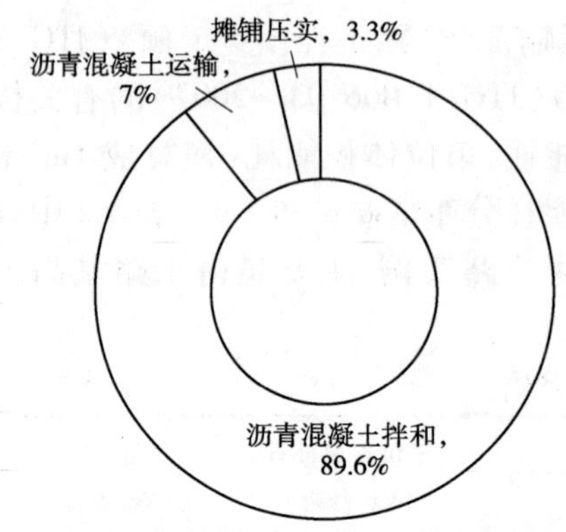

图 3-3　沥青混合料施工各工序能耗分布情况

沥青混合料拌和阶段是能耗最大工艺环节，能耗占比可达 90%。各工序能耗分布情况见图 3-3。

为检验上述推算能耗与沥青路面施工实际能耗是否吻合，选择某高速公路建设项目，对其连续 6 天的沥青混合料生产能耗进行了实测，实测结果如表 3-4 所示。从表3-4可以看出，工程实测的连续 6 天的沥青混合料生产能耗为 17.4kg 柴油/m³，略高于按照定额推算出的15.2kg 柴油/m³的能耗。集料干湿情况、气候条件、设备新旧程度等均有可能引起施工能耗的差异。

沥青面层工程施工能耗分析　　　　表 3-3

序号	工序	设　　备	工程量（m³）	总台班	单位台班能耗	能耗（kg 柴油/台班）	柴油消耗量（kg/km）
1	沥青混合料拌和	3m³ 轮胎式装载机	3 420	8.652 6	115.15kg 柴油/台班	996.3	52 093
		320t/h 拌和设备	3 420	4.617	9 574.4 kg 重油/台班	43 320.9	
			3 420	4.617	5 917.61kW · h	7 568.1	
		5t 自卸汽车	3 420	4.993 2	41.63 kg 汽油/台班	207.9	
2	沥青混凝土运输	20t 自卸货车（运距 10km）	3 420	53.078 4	77.11kg 柴油/台班	4 092.9	4 092.9
3	摊铺压实	6～8t 光轮压路机	3 420	9.815 4	19.33kg 柴油/台班	189.7	1 926
		12～15t 光轮压路机	3 420	14.740 2	40.46kg 柴油/台班	596.4	
		12.5m 摊铺机	3 420	4.993 2	136.41kg 柴油/台班	681.1	
		16～20t 轮胎压路机	3 420	2.872 8	42.29kg 柴油/台班	121.5	
		20～25t 轮胎压路机	3 420	6.703 2	50.29kg 柴油/台班	337.1	
合计柴油消耗量（kg/km）：58 111.9；折算成标准煤（t/km）：84.7； 单位体积能耗（kg 柴油/m³，kg 标准煤/m³）：17.0，24.8							

上述是针对高速公路移动式沥青拌和站推算的能耗结果，为了进行对比，又对一固定式沥青拌和站的沥青混合料生产能耗年度数据进行了调研，统计结果如表 3-5 所示。

实测的沥青混合料生产能耗情况　　表 3-4

序　号	时　间	沥青混合料(t)	煤粉(kg)	电(kW·h)
1	第一天	4 235.76	52 947	9 080
2	第二天	2 655.22	31 863	5 660
3	第三天	3 851.7	45 065	8 640
4	第四天	2 373.46	33 940	5 160
5	第五天	3 471.78	47 911	7 510
6	第六天	2 608.36	35 735	5 630
换算成单位体积的柴油量,标准煤(kg/m^3):17.4,25.4				

安徽某沥青混凝土生产企业的沥青生产能耗情况　　表 3-5

<table>
<tr><th colspan="2">统计周期</th><th>沥青混合料(t)</th><th>电(kW·h)</th><th>柴油(t)</th><th>重油(t)</th><th>设备类型</th></tr>
<tr><td rowspan="3">2011 年度</td><td>总量</td><td>26 937.00</td><td>—</td><td>80.18</td><td>232.27</td><td rowspan="6">1000 型</td></tr>
<tr><td>单位能耗(kg/t)</td><td>—</td><td>—</td><td>2.977</td><td>8.623</td></tr>
<tr><td colspan="5">折算成单位体积的柴油量、标准煤(kg/m^3):27.4,39.9</td></tr>
<tr><td rowspan="3">2012 年度</td><td>总量</td><td>22 333.00</td><td>—</td><td>46.83</td><td>221.00</td></tr>
<tr><td>单位能耗(kg/t)</td><td>—</td><td>—</td><td>2.097</td><td>9.896</td></tr>
<tr><td colspan="5">折算成单位体积的柴油量、标准煤(kg/m^3):28.3,41.2</td></tr>
<tr><td rowspan="3">2011 年度</td><td>总量</td><td>112 513.00</td><td>344 280.00</td><td>71.31</td><td>660.98</td><td rowspan="6">3000 型</td></tr>
<tr><td>单位能耗(kg/t)</td><td>—</td><td>3.060kW·h</td><td>0.634</td><td>5.875</td></tr>
<tr><td colspan="5">折算成单位体积的柴油量、标准煤(kg/m^3):17.3,25.2</td></tr>
<tr><td rowspan="3">2012 年度</td><td>总量</td><td>175 445.00</td><td>469 630.00</td><td>94.98</td><td>1 136.00</td></tr>
<tr><td>单位能耗(kg/t)</td><td>—</td><td>2.677kW·h</td><td>0.541</td><td>6.475</td></tr>
<tr><td colspan="5">折算成单位体积的柴油量、标准煤(kg/m^3):18.2,26.5</td></tr>
</table>

从表 3-5 可知,3000 型设备的单位能耗与此前实测结果以及定额推算结果十分吻合,但 1000 型拌和设备的能耗显著高于 3000 型设备,这说明不同拌和设备的生产能耗差异还是很大的。

3.2.3　桥梁工程

选取我国北方地区某座新建桥梁工程实例,该桥梁全长 600m,跨径布置为 20×30m,四孔一联;桥梁结构总宽度为 56.6m,按四幅桥实施,四幅布置为 11.8m+16.5m+16.5m+11.8m,总建设面积为 33 960m^2。上部结构采用 30m 跨径预制简支变连续小箱梁结构,下部结构采用大悬臂式盖梁,重力式桥台,桥梁墩台桩基础采用钻孔灌注桩。全桥钻孔灌注桩共 424 个,承台 84 个,盖梁 84 架,后张法预应力箱梁 400 片,桥面铺装 33 960m^2。

经计算，换算成长度 1 000m、宽度 26m 的桥的单位里程能耗为 1 545.9t 标准煤/km。该数据高于 3.1 节的高速公路实例，反映出桥型、桥梁高度、施工难度差异等必然带来单位里程能耗的波动。此外，此案例中包括了沥青混凝土桥面铺装施工能耗。

3.2.4 隧道工程

以 1km 长、10.86m 宽、8.21m 高的双洞隧道为例，只考虑正洞开挖和衬砌，计算得到单洞的施工能耗和单位体积能耗，计算结果如表 3-6 所示。其中，正洞开挖环节的能耗占比最高，达到 90% 以上。

单洞隧道工程施工能耗分析 表 3-6

序号	工 序	设 备	工程量 (m^3)	总台班	能耗 (kW·h)	换算成柴油 (kg)	小计 (kg 柴油)	占比 (%)
1	正洞机械开挖加运输	汽腿式凿岩机	113 098	13 063	0.0	—	141 231	90.4
		$10m^3/h$ 电动空压机	113 098	498	172 613.3	14 550.9		
		$20m^3/h$ 电动空压机	113 098	2 499	1 502 778.8	126 681		
2	衬砌（初期支护 5cm，二次衬砌 30cm），现浇，模板台车	$60m^3/h$ 混凝土泵	37 699	490	178 936.0	15 083.9	15 084	9.6
合计柴油消耗量（kg/km）：156 315；折算成标准煤（t/km）：228； 单位体积能耗（kg 柴油/m^3，kg 标准煤/m^3）：1.4，2.0								

该隧道算例中没有考虑锚杆、小导管超前支护等工艺。若考虑这些工艺，隧道工程的单位体积能耗可以增至 4kg 柴油/m^3，甚至更高，则 1km 隧道施工能耗可增至 1 500t 标准煤，甚至更高。

3.3 运营养护能耗分析

3.3.1 服务设施能耗

运营期公路基础设施能耗的一个重要来源是服务区、收费站等沿线设施的用电。以下选取两个高速公路案例进行统计分析。

案例 1:选取华北地区长度 225km 某高速公路,该高速公路共有 7 个服务区、19 处收费站(含 1 处主线站),运营期一个服务区的年用电量约为 80 万 kW · h,一个匝道收费站年用电量约为 50 万 kW · h,主线收费站约 100 万 kW · h,则该高速公路服务区、收费站每年用电量约为 1 560 万 kW · h,折合标准煤 1 917t,折合成单位里程能耗则为 8.5t 标准煤/(km · 年),远低于公路建设期能耗,即便是按照 15 年运营期计算,其能耗依然低于建设阶段能耗。

案例 2:华中地区某高速公路,长度 122km,设有 2 处服务区、1 处停车区、6 处收费站和 7 处互通立交,累计有普通室内照明灯具 6 200 盏,高杆灯 816 盏。按照各类灯具每天工作 10h 计,得到的该高速公路年度照明能耗为 246.5t 标准煤(折合柴油 169t),折合成单位里程能耗则为 2.0t 标准煤/(km · 年),同样远低于建设阶段能耗。

表 3-7 为高速公路运营期沿线设施照明能耗分析。

高速公路运营期沿线设施照明能耗分析 表 3-7

使用普通灯具和高压钠灯				
类别	名称	数量(盏)	年度能耗(kW · h)	折算成标准煤(t)
室内照明	普通荧光灯功率 36W	6 200	814 680	100.1
高杆灯	节能灯具高杆灯采用 400W 高压钠灯	816	1 191 360	146.4
合计			2 006 040	246.5
全部改为节能灯具				
类别	名称	功率差(W)	年度节能量(kW · h)	折算成标准煤(t)
室内照明	改用 12W LED 灯具	24	543 120	66.7
高杆灯	节能灯具高杆灯改用 250W 节能灯	150	446 760	54.9
合计			989 880	121.6

注:室内照明及高杆灯按每天工作 10h 计。

3.3.2 隧道照明

根据《公路隧道照明设计细则》(JTG/T D70/2-01—2014)的规定,长度 $L>200m$ 的高速公路隧道、一级公路隧道应设置照明。对于长隧道较多的高速公路而言,运营期间隧道照明无疑会产生大量能耗。

案例 1:3.3.1 节案例 2 中有 27 座隧道,且全部长于 100m,均建设了隧道节能照明工程。以此为分析对象,全线 27 处隧道双幅总长 48 175m,按入口 84m、过渡 1 段 72m、过渡 2 段 90m、出口段 60m 设计。按照常规方案,在隧道的入口段、过渡段、中间段、出口段分别采用 400W、100W、250W 的高压钠灯。隧道加强照明按每天工作 12h 计，基本照明按每天工作 24h 计，如果全部采用高压钠灯，则折算的每公里隧道年度能耗为 115.8t 标准煤，如果全部采用 LED 节能灯，则折算的每公里隧道年度能耗为 82.0t 标准煤，具体计算情况见表 3-8。

高速公路运营期隧道照明能耗分析 表 3-8

全部采用高压钠灯			
类别	数量(盏)	年度能耗(kW·h)	折算成标准煤(t)
基本段 100W 高压钠灯	10 908	9 555 408	1 174.4
加强段 100W 高压钠灯	3 672	4 777 704	587.2
加强段 250W 高压钠灯	2 592	11 944 260	1 467.9
加强段 400W 高压钠灯	7 560	19 110 816	2 348.7
合计	24 732	45 388 188	5 578.2
折算成单位公里隧道的能耗	—	942 152.3	115.8
全部改为节能灯具			
类别	功率差	年度节能(kW·h)	折算成标准煤(t)
基本段 60W LED 灯	40	3 822 163.2	469.7
加强段 60W LED 灯	40	643 334.4	79.1
加强段 120W LED 灯	130	1 475 884.8	181.4
加强段 180W LED 灯	220	7 284 816	895.3
合计	—	13 226 198.4	1 625.5
折算成单位公里隧道的节能量	—	274 544.9	33.7

注：隧道加强照明按每天工作 12h 计，基本照明按每天工作 24h 计。

案例 2：以西南地区某高速公路为例，该高速公路全长 106km，其中 19 座隧道折合单洞总长 48.535km，分别按照高压钠灯方案和 LED 灯方案对照明能耗进行测算，如果全部采用高压钠灯，则折算的每公里隧道年度能耗为 160.2t 标准煤，如果全部采用 LED 节能灯，则折算的每公里隧道年度能耗为 59.4t 标准煤，具体计算情况见表 3-9。该案例能耗与本节案例 1 的结果有所差异，主要是本案例中高压钠灯方案和 LED 灯方案采用了不同的灯具数量，且 LED 灯方案中采用了智能控制系统，使之取得了更好的节能效果。

3.3.3 路面养护

沥青路面在公路基础设施中直接承受交通荷载的作用，设计寿命短，维修养护需求大,占据了公路基础设施维护的绝大多数工作量。在沥青路面15年的寿命周期范围内,一般要经历两次中修、两次大修,而桥梁、隧道在该期限内一般不会出现结构性的维修,可不考虑。假设两次中修采用铣刨4cm沥青表面层然后做4cm热沥青罩面,而两次大修则采用铣刨18cm沥青层然后重做18cm沥青路面结构的方案。

西南地区某高速公路运营期隧道照明能耗分析 表3-9

隧道序号	隧道单洞长度(m)	总装机功率(kW)		年耗电量(万kW·h)	
		高压钠灯方案	LED灯方案	高压钠灯方案	LED灯方案
1	4 186	622.67	231.14	272.73	101.24
2	3 598	535.23	198.63	234.43	87.00
3	3 562	530.10	196.64	232.18	86.13
4	672	99.85	37.00	43.73	16.21
5	1 665	247.49	91.97	108.40	40.28
6	1 487	221.36	82.17	96.96	35.99
7	1 342	199.71	74.11	87.47	32.46
8	1 466	218.21	80.84	95.58	35.41
9	604	89.78	33.33	39.32	14.60
10	1 016	151.23	55.93	66.24	24.50
11	1 797	267.14	99.21	117.01	43.45
12	3 066	455.83	169.39	199.65	74.19
13	1 662	247.39	91.87	108.36	40.24
14	1 220	181.45	67.26	79.48	29.46
15	3 502	520.82	193.27	228.12	84.65
16	2 719	404.46	149.99	177.15	65.70
17	5 490	816.69	303.05	357.71	132.74
18	5 356	797.04	295.70	349.10	129.52
19	4 125	613.94	227.83	268.91	99.79
合计	48 535	7 220.39	2 679.33	3 162.53	1 173.55
折合标准煤(t)				3 886.7	1 442.3
折合每公里双洞隧道年度能耗(t标准煤)				160.2	59.4

注:隧道照明开启时数按平均每天12h计算。

对沥青路面养护工程的能耗分析见表3-10、表3-11。由表可以看出,1km高速公路路面中修工程能耗为69.8t标准煤,换算成单位沥青混凝土体积能耗为91.9kg

标准煤/m^3，非常之高，其中旧路面铣刨的能耗占比达72.7%。1km高速公路路面大修工程能耗为248.2t标准煤，换算成单位沥青混凝土体积能耗为326.6kg标准煤/m^3，是中修工程能耗的3.6倍，其中，路面铣刨的能耗占比高达92.3%。

沥青路面中修工程(1km高速公路，铣刨加铺4cm)**能耗分析** 表3-10

序号	工序	设备	工程量	总台班	单位台班能耗(kg柴油/台班)	能耗(kg柴油/台班)	小计	占比(%)
1	铣刨 18cm	铣刨机	19 000m^2	67.45	190.48	12 847.9	34 430	72.7
		8t自卸汽车	19 000m^2	480.13	44.95	21 581.8		
2	沥青混凝土拌和	3m^3轮胎式装载机	760m^3	1.922 8	115.15	221.4	11 576	24.5
		320t/h拌和设备	760m^3	1.026	9 574.4(kg重油/台班)	9 626.9		
			760m^3	1.026	5 917.61(kW·h)	1 681.8		
		5t自卸汽车	760m^3	1.109 6	41.63	46.2		
3	沥青混凝土运输	20t自卸货车(运距10km)	760m^3	11.795 2	77.11	909.5	910	1.9
4	摊铺压实	6～8t光轮压路机	760m^3	2.181 2	19.33	42.2	428	0.9
		12～15t光轮压路机	760m^3	3.275 6	40.46	132.5		
		12.5m摊铺机	760m^3	1.109 6	136.41	151.4		
		16～20t轮胎压路机	760m^3	0.638 4	42.29	27.0		
		20～25t轮胎压路机	760m^3	1.489 6	50.29	74.9		
合计柴油消耗量(kg/km)							47 343.5	
折算成标准煤(t/km)							69.8	
单位体积能耗(kg柴油/m^3，kg标准煤/m^3)							62.3,91.9	

沥青路面大修工程(铣刨加铺18cm)**能耗分析** 表3-11

序号	工序	设备	工程量	总台班	单位台班能耗(kg柴油/台班)	能耗(kg柴油/台班)	小计	占比(%)
1	铣刨 4cm	铣刨机	19 000m^2	306.85	190.48	58 448.8	155 358	92.3
		8t自卸汽车	19 000m^2	2 155.93	44.95	96 909.1		
2	沥青混凝土拌和	3m^3轮胎式装载机	3 420m^3	8.652 6	115.15	996.3	52 093	6.9
		320t/h拌和设备	3 420m^3	4.617	9 574.4kg重油/台班	43 320.9		
			3 420m^3	4.617	5 917.61kW·h	7 568.1		
		5t自卸汽车	3 420m^3	4.993 2	41.63kg汽油/台班	207.9		

续上表

序号	工序	设备	工程量	总台班	单位台班能耗（kg 柴油/台班）	能耗（kg 柴油/台班）	小计	占比（%）
3	沥青混凝土运输	20t 自卸货车（运距 10km）	3 420m^3	53.078 4	77.11	4 092.9	4 092.9	0.5
4	摊铺压实	6～8t 光轮压路机	3 420m^3	9.815 4	19.33	189.7	1 926	0.3
		12～15t 光轮压路机	3 420m^3	14.740 2	40.46	596.4		
		12.5m 摊铺机	3 420m^3	4.993 2	136.41	681.1		
		16～20t 轮胎压路机	3 420m^3	2.872 8	42.29	121.5		
		20～25t 轮胎压路机	3 420m^3	6.703 2	50.29	337.1		
合计柴油消耗量（kg/km）							168 271.6	
折算成标准煤（t/km）							248.2	
单位体积能耗（kg 柴油/m^3，kg 标准煤/m^3）							221.4,326.6	

可见，如果由于路面质量不佳等原因造成路面反复维修，将大幅度增加路面全寿命周期能耗水平。从这个意义上讲，路面耐久性是体现绿色公路的重要内容。

3.4 建设、运营养护环节公路能耗分析基本结论

通过上述分析，对于公路基础设施能耗得出以下基本结论：

（1）路基工程的施工总能耗最大，其次是桥梁工程（含交叉工程），这个排序自然因工程案例而异。隧道工程的单位长度总能耗最大，桥梁工程（含交叉工程）次之。

（2）路基工程、隧道工程的单位体积能耗基本属于一个数量级。沥青路面工程的单位体积能耗是路基工程、隧道工程的 10 倍左右。

（3）对于沥青路面工程而言，沥青混合料的拌和能耗占拌和、运输、摊铺压实总能耗的 90% 左右。因此，可使用温拌沥青混合料技术降低生产温度来降低能耗。另外，不同的沥青混合料拌和设备的生产能耗有较大差异，应尽量采用高能效的拌和设备。

（4）对于填方路基工程而言，对施工能耗影响最大的是土石方运输环节，约占其施工总能耗的 75%。因此，为了降低能耗，应尽可能避免路基土石方的远距离运输。

（5）隧道施工能耗主要发生在正洞开挖环节，能耗占比 90% 以上。

（6）运营期隧道照明能耗较高，占运营期总能耗的比例较大。对于中长隧道

较多的公路,隧道照明的节能降耗是公路运营期节能应重点关注的对象。

(7)运营期路面养护工程的单位体积能耗在所有分析项目中是最高的,1km 路面大修(铣刨加铺 18cm)的能耗与新建 1km 平原区高速公路的能耗大致相当。从这个意义上讲,路面耐久就是“绿色公路”的重要体现。

(8)对于沥青路面大中修工程项目,沥青混合料生产能耗占比由新建项目的高居榜首退居第二位,旧路面铣刨成为能耗最大的工艺环节,能耗占比达 70% ~ 90%。因此,从能耗的角度讲,应尽量避免旧路面的铣刨作业。

(9)以交通运输部公路工程定额以及施工图设计文件中的工程量清单为依据计算能耗与实际能耗基本吻合。

3.5 路面工程原材料生产(材料物化)和施工阶段能耗实测分析

根据以上分析可以看出,沥青路面工程的单位体积能耗是最高的,是绿色公路应该重点关注的内容。为此,参照 LCA 方法,对沥青路面和水泥路面进行寿命周期评价。

选取的分析对象概况如下:全封闭、全立交、双向四车道高速公路,计算行车速度为 100km/h,路基宽度为 26m,半幅路幅布置为 0.75m 土路肩 +3m 硬路肩 +2 × 3.75m 行车道 +0.75m 左路缘带 +1/2 ×2m 中央分隔带。路面结构如表 3-12 所示。

分析的路面结构形式 表 3-12

沥青路面			水泥路面	
结构 1	结构 2	结构 3	结构 1	结构 2
4cm SMA	4cm SMA	4cm SMA	26cm 水泥混凝土	28cm 水泥混凝土
6cm AC20	6cm AC20	7.5cm AC20	20cm CTB	20cm CTB
8cm AC25	8cm AC25	9cm AC25	20cm CTB	20cm CTB
20cm CTB	8cm LSM25	9cm AC25	20cm GAB	20cm GAB
20cm CTB	20cm CTB	7.5cm AC13F		
20cm CTB	20cm CTB			

为方便分析,做出如下假设或者规定:

(1)只考虑筑路原材料生产阶段、建设施工阶段;

(2)不考虑原材料的运输能耗,不考虑水的获取和运输能耗;

(3)不考虑原材料生产能耗,不考虑设备(摊铺机、混凝土拌和机、压路机等)的生产和维修能耗。

为了能更好地反映不同路面结构的寿命周期能耗情况,也为了有利于研究比较,取 1km 双向四车道高速公路的半幅路面作为一个基本单元,输入的能量形式采用高速公路全寿命周期内一基本单元路面所消耗的能量，具体能耗以 MJ/基本单元为单位。

3.5.1 原材料生产（材料物化）阶段

五种路面结构的材料数量如表 3-13 和表 3-14 所示。假设沥青混凝土的密度均为 2.45t/m³，SMA13 的油石比为 6.0%，AC20 的油石比为 4.5%，AC25 的油石比为 4.2%，AC13F 的油石比为 5.2%，LSM25 的油石比为 3.8%。黏层和封层均使用乳化沥青，用量为 0.5kg/m²。水泥混凝土的密度为 2.40t/m³，假设水泥∶粉煤灰∶矿渣粉∶砂∶石 = 274∶99∶99∶692∶1 083，水泥用量为 12.2%，砂石用量为 79.0%。水泥稳定碎石的密度为 2.30t/m³，水泥用量为 3.5%。级配碎石的密度为 2.25t/m³。计算可得五种路面结构的原材料消耗量清单，如表 3-15 所示。根据能耗参数，计算得到五种路面结构的原材料生产能耗，如表 3-16 所示。五种路面结构原材料生产能耗比较如图 3-4 所示，不同原材料生产能耗的贡献比例见图3-4 ~ 图 3-9。

沥青路面结构材料数量　　表 3-13

层　次	结　构　1	结　构　2	结　构　3
上面层(1 000m²)	11.27	11.27	11.275
中面层(1 000m²)	11.32	11.32	11.337 5
下面层(1 000m²)	11.39	11.39	11.42
基层(1 000m²)	11.98	11.7925	11.782 5
底基层(1 000m²)	5.635	5.635	11.906 25
黏层(1 000m²)	22.71	34.502 5	46.446 25
封层(1 000m²)	11.98	12.425	0

水泥路面结构材料数量　　表 3-14

层　次	结　构　1	结　构　2
面层(1 000m²)	11.25	11.25
基层(1 000m²)	12.05	12.05
底基层(1 000m²)	12.825	13.17
垫层(1 000m²)	13.14	13.17
传力杆 ϕ32 (kg)	36 913.5	0
传力杆 ϕ34 (kg)	0	41 710.5
拉杆 ϕ16 (kg)	4 740	4 740
支架钢筋 ϕ12 (kg)	675.324	682.250 4
支架钢筋 ϕ10 (kg)	498.844 5	498.844 5

路面原材料消耗清单 表3-15

材料	沥青路面			水泥路面	
	结构1	结构2	结构3	结构1	结构2
沥青(t)	234.911 9	322.742 4	478.294 4	0	0
水泥(t)	601.335	400.085	0	1 256.927 5	1 328.362
集料(t)	21 345.69	18 020.44	10 013.85	22 500.813	23 094.058
乳化沥青(kg)	17 345	23 463.75	23 223.13	0	0
钢材(kg)	0	0	0	42 827.669	47 631.594 9
粉煤灰、矿渣(t)	0	0	0	617.76	665.28

原材料生产能耗(MJ) 表3-16

材料	沥青路面			水泥路面	
	结构1	结构2	结构3	结构1	结构2
沥青	1 409 471	1 936 454	2 869 766	0	0
水泥	4 028 945	2 680 570	0	8 421 414	8 900 025
集料	1 131 322	955 083.3	530 734.1	1 192 543	1 223 985
乳化沥青	60 534.05	81 888.49	81 048.72	0	0
钢材	0	0	0	1 069 364	1 189 313
总计	6 630 272.05	5 653 995.79	3 481 548.82	10 683 321	11 313 324

注:粉煤灰、矿渣不计算能耗。

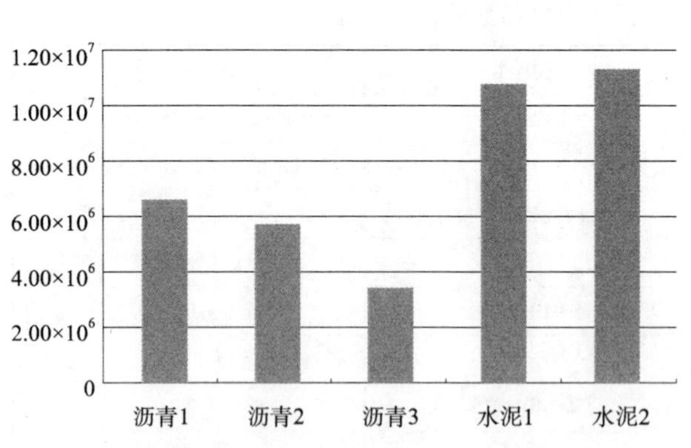

图3-4 五种路面结构原材料生产能耗比较

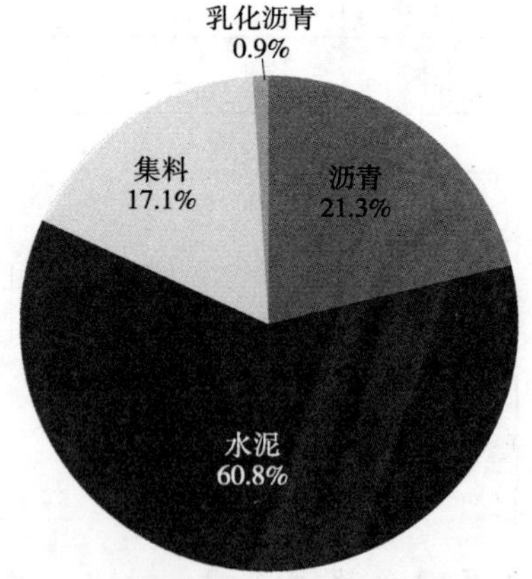

图3-5 沥青路面结构1不同原材料生产能耗贡献比例

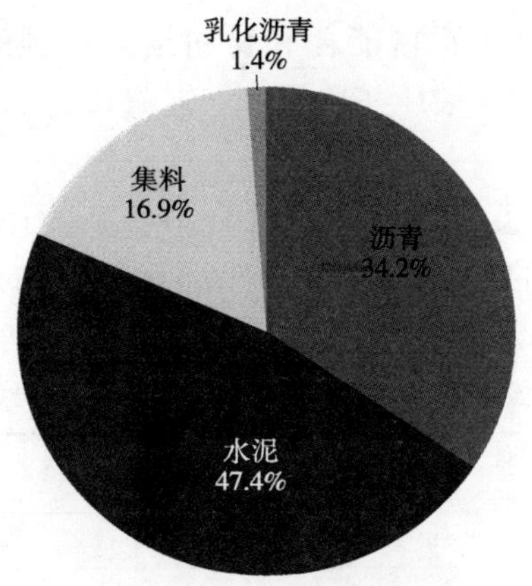

图 3-6　沥青路面结构 2 不同原材料生产能耗贡献比例

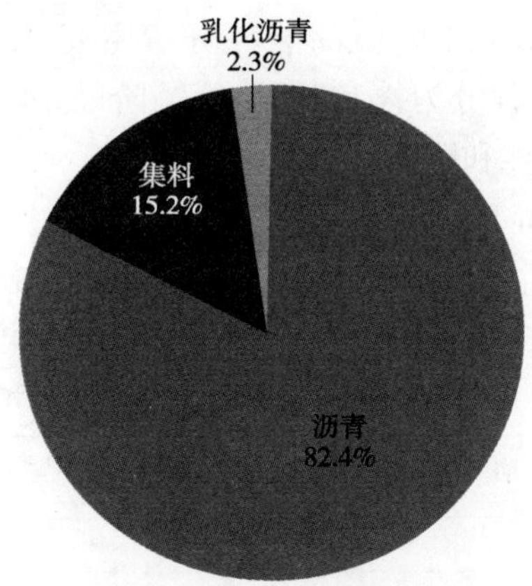

图 3-7　沥青路面结构 3 不同原材料生产能耗贡献比例

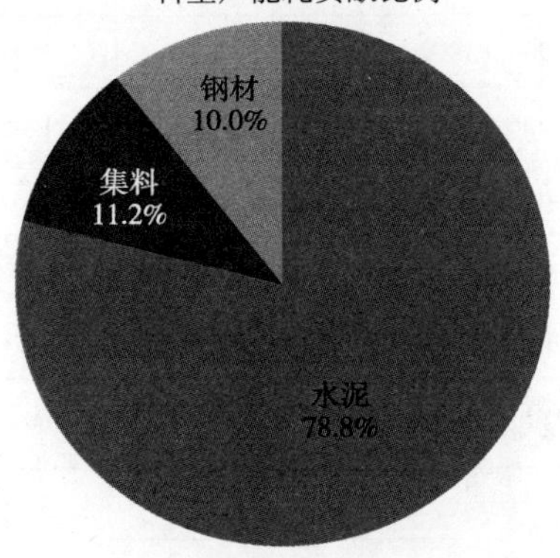

图 3-8　水泥路面结构 1 不同原材料生产能耗贡献比例

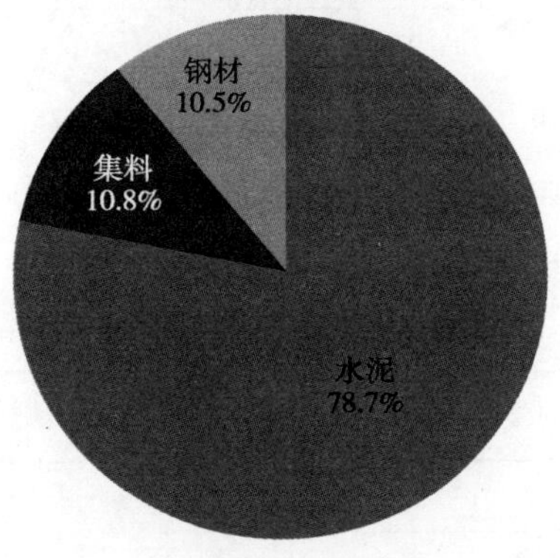

图 3-9　水泥路面结构 1 不同原材料生产能耗贡献比例

从图 3-4 可知，水泥路面结构的原材料生产能耗高于沥青路面，沥青路面结构 3 的原材料生产能耗最低。水泥路面结构 1 的原材料生产能耗超出沥青路面结构 1、2、3 的比例分别为 61%、89% 和 200%。如果去掉钢筋的能耗，则相应超出比例下降至 45%、70% 和 176%。

从图 3-5 ~ 图 3-9 可知，半刚性基层沥青路面的原材料生产能耗中水泥贡献比例最高，其次是沥青，再者是集料。全厚式沥青路面的原材料生产能耗中沥青贡献比例最高。水泥路面的原材料生产能耗中水泥贡献比例最高，约在 80%，值得注意的是，钢材贡献比例占 10%，如果采用钢纤维沥青混凝土或者连续配筋混凝土，这一比例仍会升高。

3.5.2　施工阶段

施工过程大部分建造活动是用工程机械实现的，使用机械必然消耗动力燃料和能源,故施工阶段的能耗分析主要针对施工机械能耗和材料运输过程的能耗。按生产过程分为拌和阶段、运输阶段、现场的摊铺压实阶段。

(1)拌和阶段

拌和阶段的能耗见表 3-17 和表 3-18。五种路面结构混合料拌和能耗比较如图 3-10 所示。从图 3-10 可知,水泥混凝土的拌和能耗相对于沥青混合料的拌和能耗可谓微不足道。

沥青路面拌和阶段能耗(MJ) 表 3-17

结构 1		结构 2		结构 3	
层位	能耗	层位	能耗	层位	能耗
4cm SMA	562 170.1	4cm SMA	562 170.1	5cm SMA	562 419.6
6cm AC20	743 825.9	6cm AC20	743 825.9	7.5cm AC20	931 219.7
8cm AC25	904 138.2	8cm AC25	904 138.2	9cm AC25	1 019 835
20cm CTB	6 952.578	8cm LSM25	936 088.7	9cm LSM25	1 052 207
20cm CTB	6 952.578	20cm CTB	6 938.617	7.5cm AC13F	886 048.2
20cm CTB	6 952.578	20cm CTB	6 938.617		
合计	2 230 991.934		3 160 100.134		4 451 729.5

水泥路面拌和阶段能耗(MJ) 表 3-18

结构 1		结构 2	
层位	能耗	层位	能耗
26cm 水泥混凝土	22 492.08	28cm 水泥混凝土	24 222.24
20cm CTB	6 729.202	20cm CTB	6 729.202
20cm CTB	7 161.993	20cm CTB	7 354.655
合计	36 383.275		38 306.097

(2)运输阶段

从拌和站至路面现场的运输距离假设为 20km,运输车装载 48t,满载时车辆百公里柴油耗为 40L,空载为 10L。计算可得沥青路面三种结构的运输能耗分别为 177 772.6MJ、150 284.6MJ 和 84 207.4MJ,水泥路面两种结构的运输能耗分别为 195 542.74MJ 和 201 284.53MJ。五种路面结构混合料运输能耗比较如图 3-11 所示。运输能耗主要与材料总重、运距和车辆单位油耗有关,本研究中由于假设相同的汽车和运距,故主要影响因素是材料总重,因此水泥路面材料运输能耗更高。

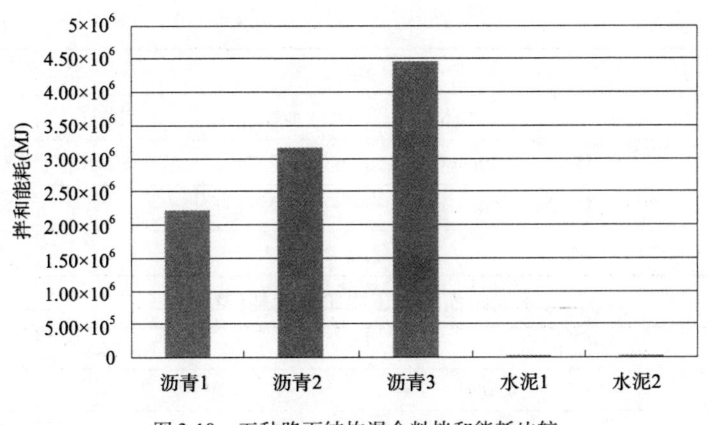

图 3-10　五种路面结构混合料拌和能耗比较

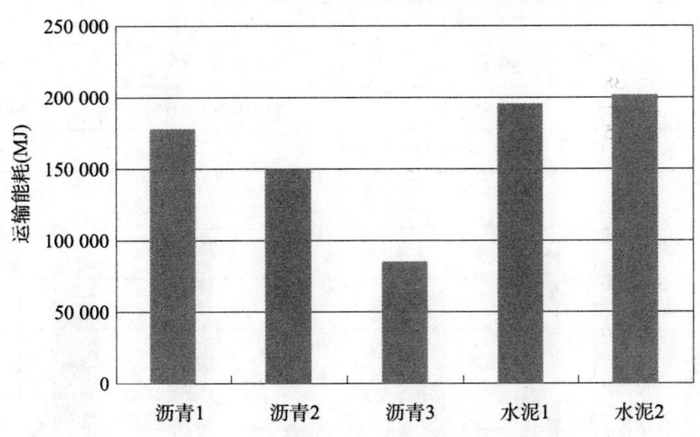

图 3-11　五种路面结构混合料运输能耗比较

(3)摊铺、压实阶段

根据此前研究得到的能耗参数，摊铺、压实阶段的能耗见表 3-19 和表 3-20。五种路面结构混合料摊铺、压实阶段能耗比较如图 3-12 所示。除了全厚式沥青路面结构摊铺、压实能耗较低外，其余四种路面结构摊铺、压实阶段能耗基本相当。

沥青路面摊铺压实阶段能耗(MJ)　　表 3-19

结构 1		结构 2		结构 3	
层位	能耗	层位	能耗	层位	能耗
4cm SMA	28 727.23	4cm SMA	28 727.23	5cm SMA	28 739.98
6cm AC20	25 017.2	6cm AC20	25 017.2	7.5cmAC20	25 055.88
8cm AC25	38 520.98	8cm AC25	38 520.98	9cm AC25	38 622.44
20cm CTB	75 030.74	8cm LSM25	39 882.24	9cm LSM25	39 848.42

续上表

结　构　1		结　构　2		结　构　3	
层位	能耗	层位	能耗	层位	能耗
20cm CTB	77 974.35	20cm CTB	77 817.78	7.5cm AC13F	26 312.81
20cm CTB	77 974.35	20cm CTB	77 817.78		
合计	323 244.85		287 783.21		158 579.53

水泥路面摊铺压实阶段能耗(MJ)　　表 3-20

结　构　1		结　构　2	
层位	能耗	层位	能耗
26cm 水泥混凝土	114 041.3	28cm 水泥混凝土	115 773.8
20cm CTB	75 469.15	20cm CTB	75 469.15
20cm CTB	80 322.98	20cm CTB	82 483.71
20cm GAB	45 950.58	20cm GAB	46 055.49
合计	315 784.01		319 782.15

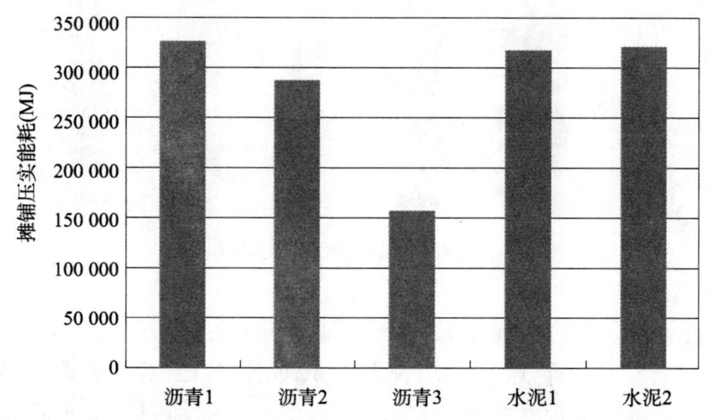

图 3-12　五种路面结构混合料摊铺、压实阶段能耗

(4)施工阶段能耗分析

五种路面结构施工阶段能耗对比如图 3-13 所示。施工阶段五种路面结构在拌和、运输和摊铺压实阶段的能耗比例见图 3-14 ~ 图 3-18。从图 3-13 可知,沥青路面施工阶段能耗高于水泥路面,其中全厚式沥青路面施工阶段能耗最高,这与其所有路面结构层全部采用沥青拌和楼有关。从图 3-14 ~ 图 3-18 可知,沥青路面施工阶段中能耗主要发生在拌和阶段(尤其是全厚式沥青路面结构),节能的关键环节在于沥青拌和楼,其次是压路机和摊铺机。至于水泥路面结构,施工阶段中主要能耗发生在现场施工阶段,这主要与水泥面板需要进行刻槽、切缝有关。

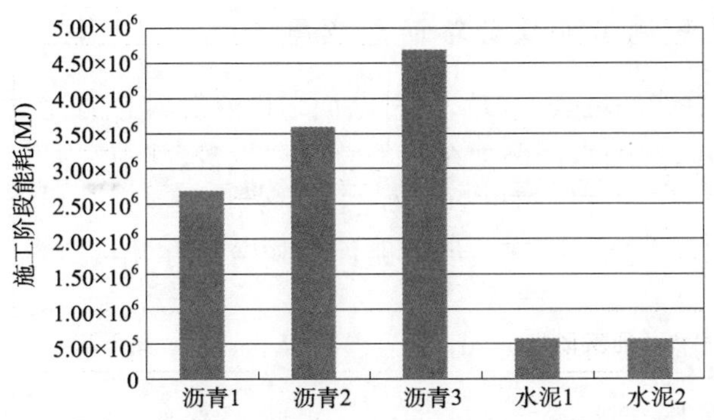

图 3-13　五种路面结构施工阶段能耗对比

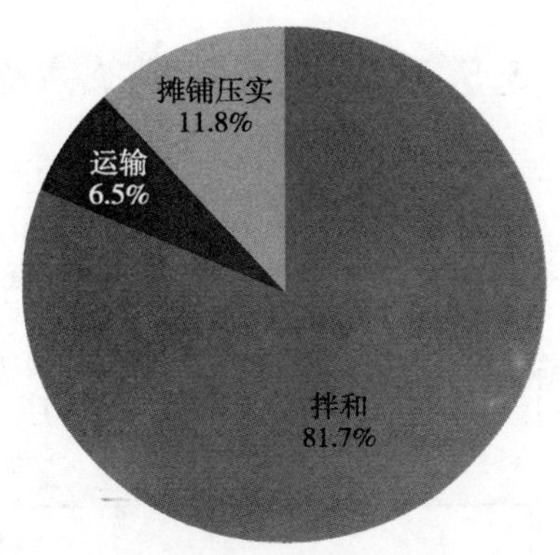

图 3-14　沥青路面结构 1 施工阶段能耗比例

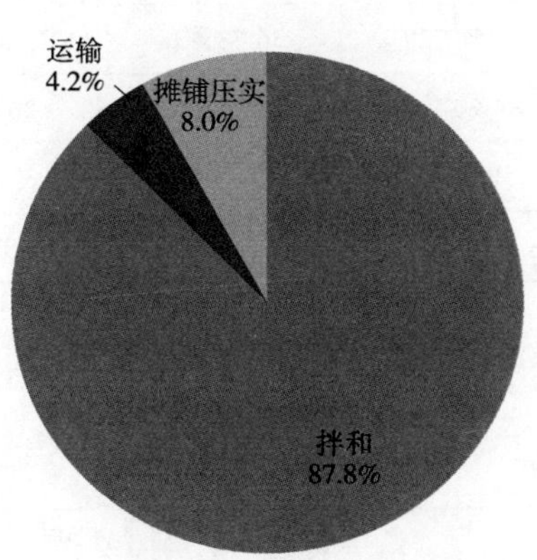

图 3-15　沥青路面结构 2 施工阶段能耗比例

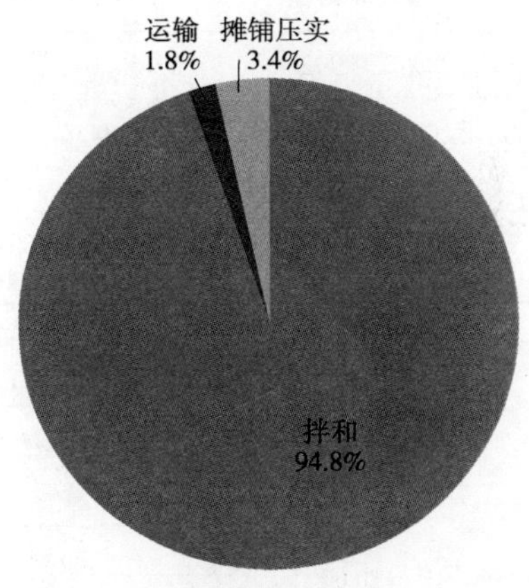

图 3-16　沥青路面结构 1 施工阶段能耗比例

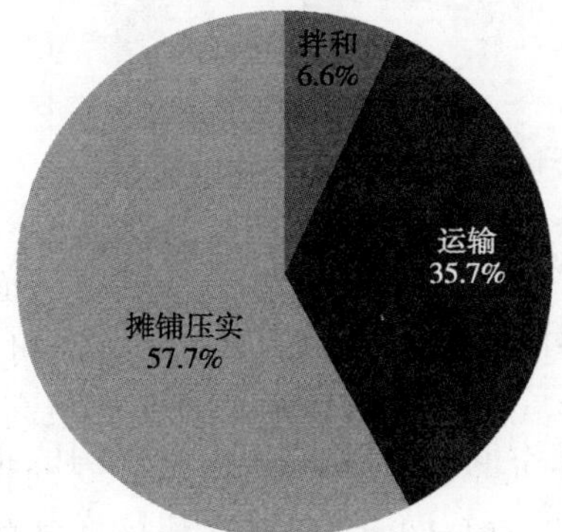

图 3-17　水泥路面结构 1 施工阶段能耗比例

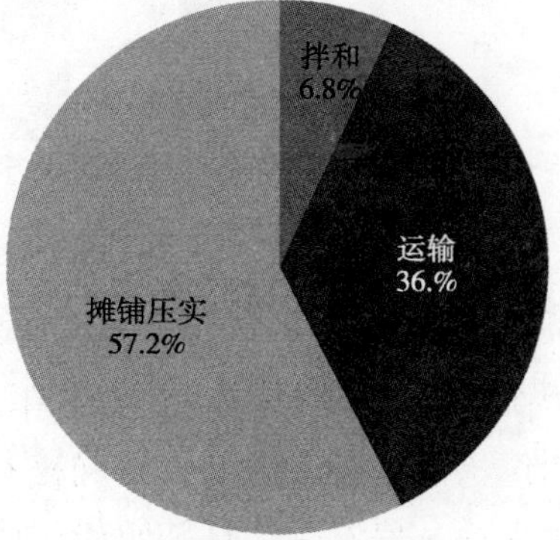

图 3-18　水泥路面结构 2 施工阶段能耗比例

3.5.3 考虑原材料生产阶段和施工阶段的路面总能耗

原材料生产阶段和施工阶段总能耗见表3-21。五种路面结构混合料总能耗比较如图3-19所示。从图3-21可知，两种水泥路面结构的总能耗最多，其中水泥路面结构1的总能耗比三种沥青路面结构分别超出20.0%、21.4%和37.4%。扣除钢材影响因素，水泥路面结构1的总能耗比三种沥青路面结构分别超出8.5%、9.8%和24.3%，如图3-20所示。

五种路面结构总能耗(MJ)　　表3-21

阶　段	沥青路面			水泥路面	
	结构1	结构2	结构3	结构1	结构2
原材料生产	6 630 272	5 653 996	3 481 549	10 683 321	11 313 324
拌和	2 230 992	3 160 100	4 451 729	36 383.28	38 306.0968
运输	177 772.6	150 284.6	84 207.4	195 542.7	201 284.5
摊铺压实	323 244.9	287 783.2	158 579.5	315 784	319 782.1
总计	9 362 281.5	9 252 163.8	8 176 064.9	11 231 030.98	11 872 696.7

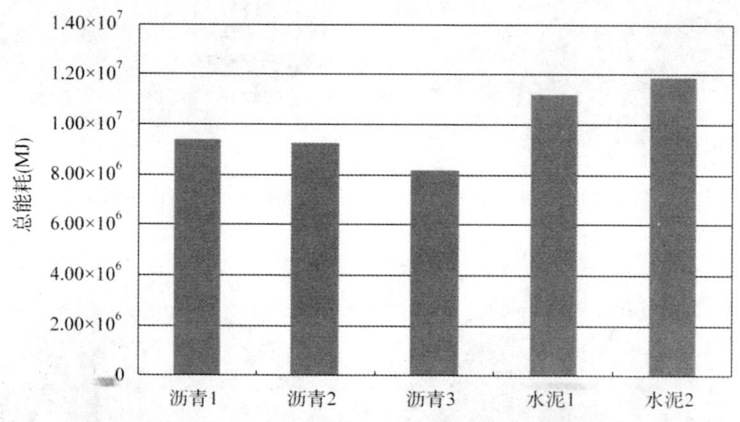

图3-19　五种路面结构混合料总能耗比较

五种路面结构在原材料生产和施工阶段的能耗比例见图3-21～图3-25。从图中可知，两种路面结构类型都是原材料生产阶段能耗占据非常显著的比例，但两种路面结构类型的能耗组成特点仍存在不同之处。沥青路面结构的拌和阶段的能耗也占有一定的比例，特别是当采用全厚式沥青路面结构时，拌和阶段的能耗比例是最高的。水泥路面结构则是原材料生产阶段的能耗比例占有绝对统治地位，约为95%。

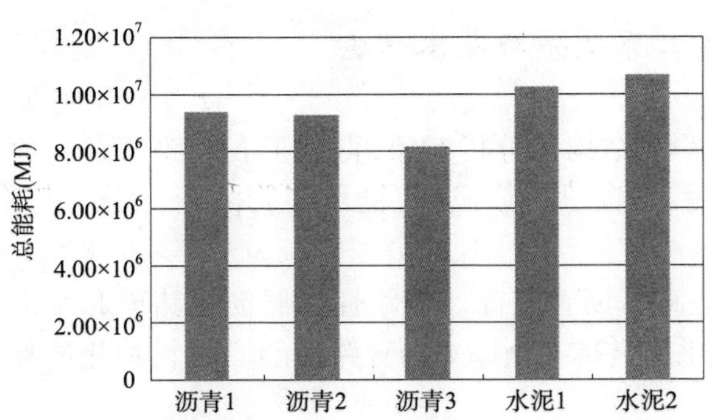

图 3-20　五种路面结构混合料总能耗比较(扣除钢材影响)

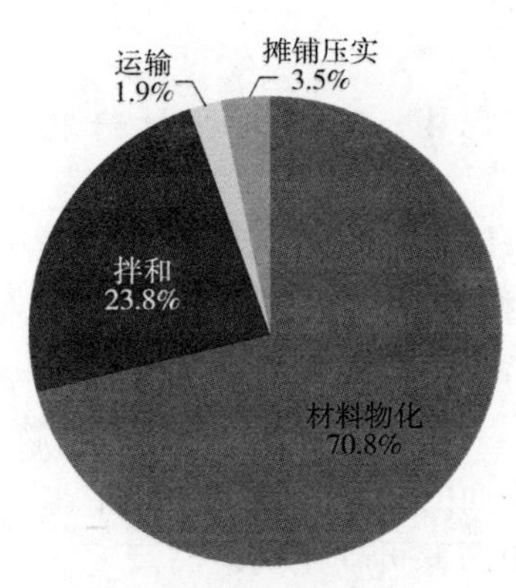

图 3-21　沥青路面结构 1 在原材料生产和施工阶段的能耗比例

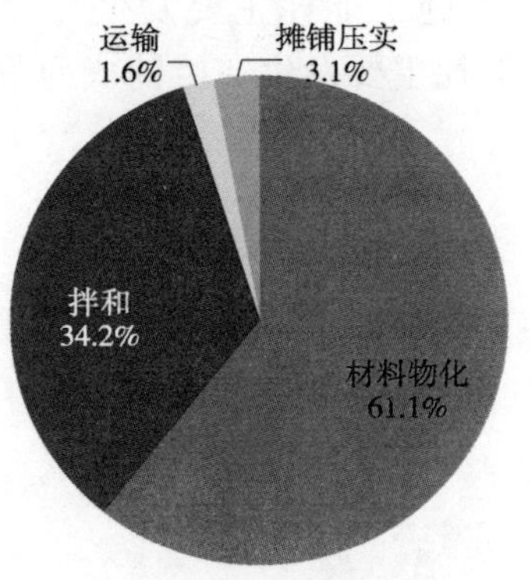

图 3-22　沥青路面结构 2 在原材料生产和施工阶段的能耗比例

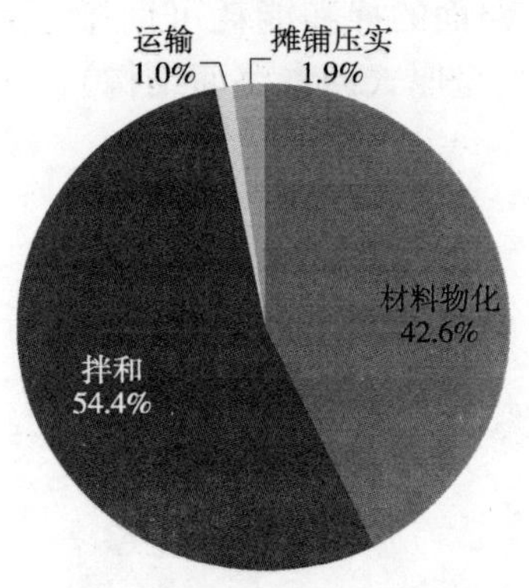

图 3-23　沥青路面结构 3 在原材料生产和施工阶段的能耗比例

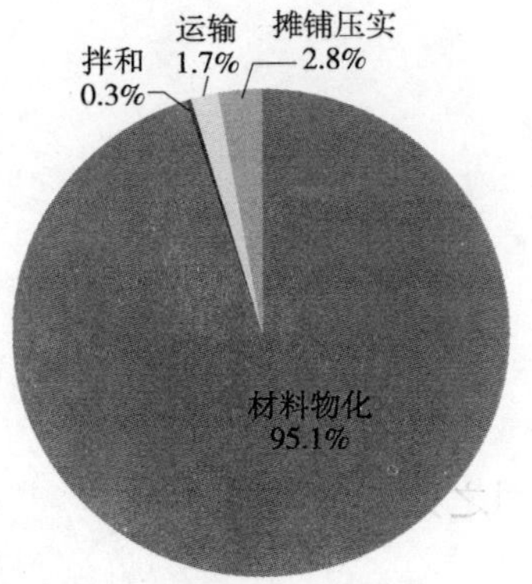

图 3-24　水泥路面结构 1 在原材料生产和施工阶段的能耗比例

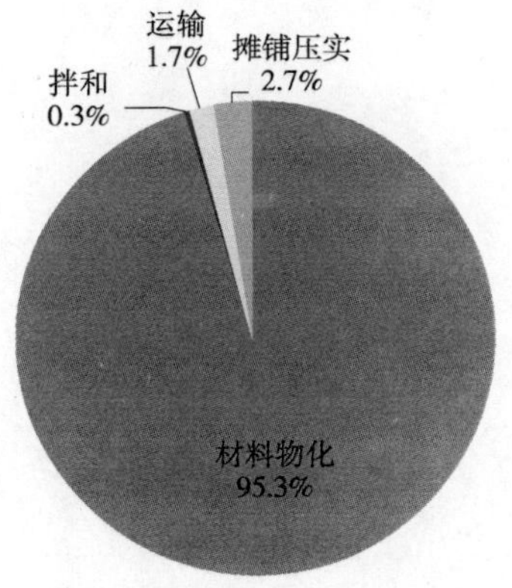

图 3-25　水泥路面结构 2 在原材料生产和施工阶段的能耗比例

3.5.4 路面工程材料物化和施工阶段分析基本结论

本节以高速公路双向四车道的路面结构为分析对象,得到了五种路面结构原材料物化阶段、施工阶段(拌和、运输、摊铺、压实/成型)的能耗,并进行了对比分析。主要研究结论如下:

(1)水泥路面的原材料物化能耗高于沥青路面。半刚性基层沥青路面和水泥路面的原材料物化能耗中水泥贡献比例最高。全厚式沥青路面的原材料物化能耗中沥青贡献比例最高。

(2)沥青路面施工能耗远高于水泥路面,其中全厚式沥青路面施工能耗最高,这与其所有路面结构层施工全部采用沥青拌和楼有关。水泥路面的拌和能耗相对于沥青路面的拌和能耗可谓微不足道。沥青路面施工能耗主要发生在拌和阶段(尤其是全厚式沥青路面结构)。水泥路面施工能耗主要发生在摊铺成型阶段。

4 国内绿色公路相关实践和应用技术概况

以科学发展观为指导,坚持以人为本,走资源节约型交通发展之路,是实现我国公路交通全面协调可持续发展的必由之路。降低公路工程造价,提高投资效益,是时代对公路建设提出的新要求,也是公路建设者追求的目标。自 20 世纪 90 年代至今,我国开展了世界上规模最大的公路建设,实现了公路交通的跨越式发展,为促进国民经济健康发展和提高人民生活水平做出了重要贡献。在公路事业快速发展的同时,力求实现公路建设与自然环境相和谐。

4.1 早期探索

4.1.1 川九公路

2003 年,按照"安全、舒适、环保、示范"的方针,交通运输部组织开展了川九公路示范工程,探索绿色交通发展之路。

川九公路示范工程在设计方面主要采取的技术措施包括:

(1)坚持环保选线、最大限度保护生态环境。

(2)合理掌握标准,灵活运用指标。

(3)注重路线连续流畅,优化路线线形。

(4)运用运行车速理论,改善路线线形,消除安全隐患。

(5)灵活确定边坡坡率,改折线为曲线边坡,恢复自然地貌景观。

(6)设置加盖板矩形边沟、浅碟式草皮排水沟,增加路基有效宽度,提高行车的安全性。

(7)合理设置挡墙,变化挡墙高度,提高结构物自身景观效果。

(8)积极探索坡面防护新技术,提高防护绿化效果。

(9)分段研究区域生态特点,营造"动感"旅游景观。

(10)采用"露、透、封、诱"的设计手段,突出自然景观。

(11)挡墙、桥梁栏杆设计具有藏羌建筑风格,赋予公路文化内涵。

(12)注重细部处理,增强路容美观。

(13)绿化要适地、适树、适量。

(14)设置人性化标志牌,激发游客兴致。

(15)修整遗留的取弃土场,绿化恢复自然景观。

川九公路示范工程建设的主要体会和经验包括:

(1)不破坏是对生态环境最大的保护。为此,采取了三种做法:绿化工程与土建工程同步招标,同时进行;苗木移走再回栽;以设计开挖线而不是征地红线作为施工控制线。

(2)公路建设真正与自然环境协调,长期来说可能会减少投资。

(3)理念是灵魂、管理是关键、设计是核心、施工是保证。

(4)灵活运用标准指标,运行车速检验是有效手段。

(5)路肩以内要精细,路肩以外要自然。

(6)线形(标线)、挡墙、边沟、护栏的线条和外观质量是道路自身景观设计四要素。

在川九公路示范工程建设的基础上,2004 年 9 月全国公路勘察设计工作会议提出的“六个坚持、六个树立”的设计新理念,即坚持以人为本,树立安全至上的理念;坚持人与自然相和谐,树立尊重自然、保护环境的理念;坚持可持续发展,树立节约资源的理念;坚持合理选用标准,树立设计创作的理念;坚持系统论的思想,树立全寿命周期成本的理念。“六个坚持、六个树立”是新时期公路勘察设计工作的理论核心,也是“坚持以人为本,树立全面、协调、可持续的科学发展观”在公路设计和建设中的具体体现。其核心是围绕科学发展观的要求,通过采用灵活设计和创作设计,实现“安全”“环境优美”“节约资源”“质量优良”“系统最优”的目标,这和建设绿色公路的目标是完全契合的。

4.1.2 思小高速公路

2006 年 4 月 6 日正式通车的思小高速公路是云南省思茅至西双版纳小勐养的第一条生态高速公路, 也是我国西南地区通往南亚大陆国际通道的主要路段。思小高速公路的建设, 遵循“生态公路”的环境设计理念和方法,体现了生态保护、环境恢复与文化展现的设计思路,这种“生态公路”设计建设的尝试与探索,为云南省乃至全国公路建设提供了可资借鉴的样板。

(1)生态保护

思小高速公路穿越自然保护区试验区,其建设会对环境造成破坏和影响,为了避免对自然保护区试验区环境的破坏,使高速公路的沿线植物、植被和地貌得到更好的保护,思小高速公路在建设中采用“宁填勿挖、宁桥勿填、宁隧勿挖”的方法,增加了大量的桥梁、隧道工程,最大限度地降低了高速公路建设对生态的不良影响。

(2)生态恢复

生态恢复方面体现了对施工场地生态发展过程的尊重、对物质能源的循环利用、对场地自我维持和可持续处理技术的倡导。具体实践包括将废弃土场改造成为良田;用开挖野象谷隧道时留下的 12m^3 方弃渣,把隧道旁的弃土场填成了港湾式停靠站;充分利用基址上原有的自然植被,对全线 49 种本地植物,根据气候地形和周围的生态特点建立一个植物种植框架,选择性种植在公路两旁,发挥自然系统能动性,为自然再生过程提供条件;在野象经常出没的地方还特意修建专用通道,将桥的高度提升了 8 ~ 15m 等。

(3)环境美化

思小高速公路力求做到"一地一景,各有不同"的景观设计,使公路构造物巧妙融入周边环境。对草种及树种选择遵循"适地、适树"的原则,尽量多地运用乡土的植物;对裸露的挖方填方、路堑路堤和边坡都进行了绿化,最大限度地展现高速公路沿线美景,让公路沿线的自然景观、桥梁隧道与周围环境协调统一。同时,思小高速公路的环境美化采用园林设计常用的"布景""借景""移景""美化"等设计理念,采用了"露、封、诱"的方法美化环境。

(4)民族文化

思小高速公路沿线民族众多,结合当地少数民族服饰图案、建筑和小乘佛教文化的一些特点和文化符号,精心设计了 15 条隧道景观特点,使全线 15 条隧道有 15 种民族文化样式和特点的变化。思小高速公路突出的民族文化特点与云南优美的自然风光、田野、建筑、村寨等构成复合体,为游客提供了一个了解云南民族文化的平台,体现了沿线浓郁的民族文化特色。

总之,思小高速公路建设的"生态公路"模式,在探索公路建设与环境保护的关系时,围绕着"保护自然、回归自然、融入自然、享受自然"的可持续性发展原则进行设计和建设,注重公路建设与生态保护、环境恢复、环境美化、环境再造和文化整合,有效地探索了建设与破坏、建设与恢复、发展与保护、发展与可持续性发展、经济建设与文化发展协调统一的关系,实现了建设云南第一条"生态高速公路"设想。

4.2 交通运输部科技示范工程

为加快交通运输行业科技成果转化,充分发挥科技在转变发展方式、发展现代交通运输业中的支撑和引领作用,交通运输部组织实施了一批科技示范工程,推动新技术、新材料、新工艺的推广和应用,并以此有效促进工程建设理念、质量和技术水平的提升,产生良好的经济、社会和生态效益。

4.2.1 神宜路

神农架木鱼坪至兴山昭君桥旅游公路(简称神宜公路)沿原209国道改扩建,路线起于神农架木鱼坪,途经红花坪乡、兴山的湘坪乡、南阳镇、白沙河等乡镇,终于兴山县昭君桥,建设里程5 296km,为著名的神农架景区与外界沟通的主要通道之一。2006年3月工程正式开工,2007年10月1日神宜路建成通车。

该项目紧邻神农架国家级自然保护区。神农架是全国唯一以"林区"命名的行政区,位于湖北省西北边陲,北顾武当,南镇三峡,西望陕渝,东瞰荆襄,拥有当今世界中纬度地区唯一保持完好的亚热带森林生态系统,是国家级森林公园、地质公园和野生动物保护区,是联合国教科文组织"国际人与生物圈保护区"、世界自然基金会"生物多样性保护示范点"。在这里发现并整理出版的《黑暗传》被专家学者誉为汉民族的创世纪史诗。区域内植物种类众多,风光秀丽,群峰矗立,而且还有"野人"的神秘传说,路线终点是我国历史人物王昭君的故里。

因此,神宜公路改扩建建设过程中,保护自然环境、维持保护区的生物多样性、提高景观建设水平、减少废弃物遗弃对环境造成的损害、山区峡谷地带的公路土地占用与公路建设之间的突出矛盾都成了必须面对的问题。为此,采取了以下做法。

(1)合理确定建设标准

通过充分论证、科学分析、尊重自然、实事求是,将原规划的高速公路调整为二级公路,工程概算由原来的20多亿元减少到3.84亿元,大大节约了资源,有效保护了环境。

(2)灵活运用技术指标

按照以人为本、节约资源、保护环境、协调发展的核心价值,贯彻"灵活性设计"和"宽容性设计"理念,变设计为设计创作,变设计产品为设计作品。

针对项目特殊的地质地形条件,在确保安全的前提下,不一味追求技术指标的严格统一,不一味追求裁弯取直,坚持因地制宜,灵活运用,合理掌握。

路线平面线形以曲线为主,充分运用对称或非对称基本型、S形、卵形、复合型等多种线形对虚拟中线进行精确拟合,以充分利用线形。全线共设置了94个弯道,全长41.06km,占总里程的77.5%。纵曲线设计中,采用分类耦合方式,使老路得到最大程度的利用,做到各标段土石方填挖基本平衡,力求"零弃方"。

对于地形条件较好的采用高指标,困难路段采用低指标。一般路段受制因素较多。路基宽采用8.5m,局部城镇、景区、隧道等路段,路基宽采用10.0m,桥梁一般与路基同宽。不同路基宽度的段落之间设置渐变段,渐变段长度为15m,采用三次抛物线形过渡。

通过对局部段落纵断面、横断面的设计优化，提高老路纵面、横幅及边坡拟合程度，降低因纵、横改造所引起的新征土地数量，节约了宝贵的土地资源。

(3)充分利用老路资源

改扩建前的神宜公路是20世纪60年代修建，虽几经改建，仍然是二级路的路面、三级路的平面、四级路的纵面。旧路标准低，线形差，既窄且险，平均宽度只有5~7m，基本无规则线形可言，局部纵坡大，有的已经超过8%。道路安全隐患多、抗灾能力弱，遇到雨雪天气，往往只能封闭道路、中断交通。

为此，此次改扩建工程设计中根据“宜路则路、宜桥则桥、宜隧则隧道”，创造性地应用半路半桥、悬挑帮衬、桥隧相连等设计手法，共新增11座半幅桥、6处悬挑板、20座全幅桥和5座隧道。局部降低设计行车速度为40km/h，最小半径降低为60m。全线直接改建老路44.1km，老路利用率达83%。

路线布置过程中，局部路段的老路难以充分利用，有的留有余宽，有的因裁弯取直、路线改移而造成老路废弃。为此，提出了老路资源的系列利用方式：余宽较多的路段，增设紧急停车带和观景台；余宽较小的线外老路，改建为路侧净区和绿化带；裁弯取直、路线改移的线外老路，部分转为乡镇、厂区或风景区的道路，部分转为新民居点或公路管理站等加以利用。这些措施的综合运用使得神宜路的旧路利用率达到了100%，有效保护了环境，节约了资源，同时为游人提供了方便、安全的赏景场所。

(4)沥青混合料的循环利用

对于旧路改造过程中产生的路面废旧沥青混合料，一是尽可能用于路面冷再生；二是作为路基填筑材料；三是探索作为生态恢复的基材。废旧沥青混合料经过粉碎、筛分后，选取粒径≤10mm的沥青混合料作为基材，和土壤混合后，增加土壤的孔隙度，增强透水能力，减弱保水能力，增强土壤的吸热能力。将沥青混合料作为喷播材料之一，按照沥青混合料和土壤体积比1:9的比例通过客土喷播，在公路边坡建立了良好的植被。

(5)其他废弃物的综合利用

对于挖方进行土石分离、分类平衡利用。石料用于填筑路基、砌筑挡墙或防护工程等，土方则用于种植槽填土、客土喷播、土工格栅绿化等。将不适于路基填筑的废方用于路侧净区、路侧绿化带的填筑；表土集中保存，用于绿化施工。

此外对于施工清表时产生的伐木、枝叶等进行收集，木料用于建设生态型边坡挡墙，既减少了圬工防护，又与自然环境相融合；树枝、树根等干燥后，粉碎成锯末状，作为客土喷播的有机基材加以利用，实现物尽其用。

(6)防护绿化减少开挖

神宜路位于峡谷地带，山高坡陡。为了减少开挖、稳定边坡，研究提出了一系列工程防护与植被防护相结合的边坡防护措施，如渐缩式（阶梯式）空心砖护面墙绿化技术、上挡墙L形种植槽绿化技术、钢筋骨架与植生袋固土绿化、干砌片石挡墙绿化、木桩栅栏式挡墙绿化。

（7）景观评价与协调优化

为了有效解决山区峡谷地带旅游公路景观评价与优化问题，选择95张包括边坡防护形式、地貌类型、植被类型、桥梁隧道设计形式等景观类型的照片，通过问卷调查分析了公众的审美偏好，进而筛选了评价指标，建立了旅游公路景观评价体系。据此评价了神宜公路的景观质量，并提出路域景观与自然景观的协调方案。

针对公路沿线城镇房居杂乱、影响旅游公路景观问题，对沿线建筑风格形式进行统一规划设计；针对公路沿线纵横交错的供电通信设施，在路基中专门预留了供电通信管道；规划设计过程中建设者还主动征询了地方旅游管理部门、林业主管部门等的意见与建议，使神宜公路能够符合地区景观规划。

在对当地地名文化详细调研的基础上，设计制作了能反映当地人文特点的公路标志标牌、景观小品。

采用“露、透、封、清、避、绣”的手法保护和利用景观资源。即对近景好的“露”，远景好的“透”，景观不好的通过绿化“封”，对“三杆”和沿线危石进行“清”，对险要路段和敏感区域进行“避”，通过绿化美化进行“绣”。

通过游客休息区、观景台、文化墙、步行桥、石刻标志牌等服务设施和公路自身的路容路貌，将公路沿线自然天成的景观元素“橘香”“茶韵”“峡幽”“石趣”“木秀”“水灵”等“珍珠”串成溯源香溪、探秘神农、寻梦百里画廊的公园式通道，并将“美人昭君、诗人屈原、圣人炎帝、野人传说”等文化元素有机地连为一体，充分展示了神宜公路丰富的文化内涵。

（8）自然群落诱导恢复原生态

倡导“自然的就是最美的”“适用的就是最好的”的理念，提出“公路边坡通过自然群落诱导”“加速群落演替，努力恢复到原生态”的建设思路。通过有意识的物种导入与管理创造自然植物侵入和繁衍的条件。加速路侧植被向自然植被的演替进程；利用乡土植物种类建立或诱导与自然相近或一致的植物群落。

神宜路作为一条科技环保示范二级路，在其建设过程中，在节约资源、保护环境方面积累了一些经验，主要体现在以下四个方面：

①重视前期工作

充分的前期工作和科学决策是节约资源和保护环境的前提。

②注重灵活设计

好的设计是节约资源和保护环境的关键。设计应该体现以人为本、注重安全、环保节约、生态文明等方面的理念导向和价值取向。

③注重科学管理

精心施工是节约资源和保护环境的保证。“细节决定成败”，神宜路的建设在很多细节上做得较好，比如将废弃公路综合利用、废旧沥青的循环利用等。

④重视科技创新

科技创新与推广应用是节约资源和保护环境的源泉。在神宜路建设过程中，积极开展科技攻关和新技术推广应用工作，研究开发了旧路资源综合利用技术、废旧沥青混合料的循环利用新技术、自然群落诱导恢复技术等一系列资源节约、环境保护技术，取得了良好的效益。

4.2.2 湖北沪蓉西高速公路

湖北沪渝高速公路(原名为沪蓉西高速公路)，是国家“7918”高速公路网上海至成都公路的重要组成部分，是湖北省“六纵五横一环”高等级公路规划的重要路段，也是我国东西中部地区连接重庆、成都等西南大城市的重要快速通道。

湖北沪蓉西高速公路全长约320km，分为宜昌长江大桥至恩施吉心(简称宜恩段)和恩施吉心至利川鱼泉口(简称恩利段)两个项目建设。宜恩段于2004年8月20日开工建设，恩利段于2005年11月开工建设。2009年12月19日，除龙潭隧道以外，实现了全线通车试运营。

项目具有以下特点及难点：

(1)工程规模大

项目总投资及公里造价均创湖北高速公路建设项目之最。

(2)地质地形特殊

项目穿越我国第二道地质阶梯，沿途不仅穿越数十道高山、深谷，还要翻越平均海拔1 100m的鄂西高原，且沿线存在滑坡、岩堆、危岩体、地下暗河、崩塌、顺层滑坡、断裂带与冲积扇等各种不良地质情况，号称集地质病害之大成。

(3)工程技术复杂

桥梁、隧道里程占线路总长的一半以上，尤其是技术复杂的高墩大跨桥梁和特长隧道众多，深路堑边坡和高填石路堤也很突出，需突破的科研技术难点多，工程技术和安全、质量控制难度非常大。

(4)施工条件艰难

沿线现有公路坡陡弯急，设计荷载低，大件设备、材料运输困难；施工场地狭小，施工用砂、用水困难，筑路材料缺乏，工程造价控制难度大；公路、铁路、天然气管线工程施工相互干扰大；项目工点多，施工工艺复杂；民爆物品使用频繁，安全管理难度大。

(5)环保水保要求高

项目途经区域是土家、苗族等少数民族聚居区，沿线森林茂密，自然环境优美，生态环境脆弱，弃土弃渣都需要治理，环保水保工作的技术难度和投资都较大。

针对这样一项举世罕见的高难度工程，沪蓉西指挥部将科技创新提到一个战略、核心的高度，把依靠科技进步、攻克一批山区高速公路建设技术难题列为项目建设的指导方针和重要目标，坚持依靠科技创新解决工程建设中的技术瓶颈和安全、质量、环保管理问题，打造一条以科技创新为主题的、集各类交通先进技术创新和成果应用为大成的科技路。

(1)坚持机制创新，建立不断推动科技创新的良性机制

强化项目科技支撑，成立了由指挥部主要领导亲自挂帅的科研领导小组，建立了科研项目全过程管理体系；组建专家咨询团，确定了大量服务工程、具有推广应用价值、切实可行的科研课题，为指挥部科技攻关明确了总体目标和方向。

(2)坚持方法创新，突出科研项目的针对性和应用性

通过开展“沪蓉西国道主干线龙潭特长隧道特殊地质条件下的关键技术研究”，优化了路线走向，成功地避开了页岩地质条件下高地应力以及碳酸盐岩区的强岩溶发育区域，降低了施工安全风险。

通过开展“分岔式隧道设计施工关键技术研究”，在八字岭、庙垭、漆树槽三个隧道首次采用分岔式设计，解决了特殊结构的特大桥与隧道相连的设计问题，降低了建设成本。

通过开展“四渡河深切峡谷悬索桥关键技术研究”，首次采用火箭技术抛送先导索，过深切峡谷不但准、快，而且节约了大量过索资金，保证了施工安全，攻克了隧道锚建设关键技术，保证了控制性工程四渡河特大桥建设的顺利推进。

通过开展“高速公路结构健康监测系统关键技术研究”，在全线实施高速公路健康监测体系，对重点结构物实现实时、动态、数字化的监控，特别是针对龙潭河特大桥、铁罗坪特大桥、四渡河特大桥、支井河特大桥以及施家梁子高陡边坡等重点控制性工程进行重点监控。

在宜长段隧道内运用新型反光材料和电子二极管辅助照明系统，在保证安全的前提下减小线路线径和配电负荷，综合能耗降低20%以上，这一成果直接运用于沪蓉西整个项目，将降低能耗20%～30%。

开展大跨径连续刚构桥有效预应力测试和超高墩建设技术研究，应用对94m大比例足尺模型的有效预应力测试研究成果验证相关的设计参数，确定特长预应力索的张拉施工方法，探索超高墩桥梁的修建技术，进而能为相关设计规范和设计理念提供有借鉴价值的数据资料。

(3)坚持手段创新,广泛采用“四新技术”

在勘察设计阶段,指挥部就广泛应用了GPS、航测遥感、CAD集成技术及深层地震反射勘探等先进技术,提高了勘测质量。

在隧道开挖中,采用TSP、地质雷达、红外线探水等物探技术,结合地质钻探手段做好超前地质预报,为特殊地质条件下的隧道开挖“把脉问路”“导航保驾”。

在桥梁建设上,龙潭河特大桥项目使用了液压自爬模系统和垂直提升200m的混凝土泵送技术,榔坪特大桥项目使用了可移动混凝土泵送系统,水南特大桥项目采用了人工挖孔百米成桩技术,花天河大桥项目使用安全又经济的劲性钢管拱支撑体系,支井河特大桥采用无支架缆索起重机、主拱肋安装斜拉扣挂系统、泵送钢管混凝土技术等。

在朝阳坡滑坡体,采用了先进的监控、量测技术进行24h不间断监控,使20多户居民成功躲避了一次重大滑坡险情,同样的滑坡监控和治理技术也用在长阳境内的魏家洲特大桥滑坡体上,确保了大桥建设安全进行。

通过联合开展“机制砂混凝土用于桥梁建设技术研究”,在机制砂7个应用领域取得突破,扩大了机制砂的应用范围,解决了当地用砂难、运输难的问题,已取得节约投资6 000多万元的经济效益,整个工程将节省投资约2亿多元。

“聚合物水泥混凝土在路面中的研究”和“废旧橡胶粉用于筑路的技术”两项最新路面修筑技术的应用,极大地提高了路面质量,特别是“聚合物水泥混凝土路面技术”将会为我国及世界路面结构和施工带来革命性的变化。

此外,还将“公路石质边坡生态防护研究成果”应用于边坡防护工程,将“公路路域生态工程技术研究阶段成果”应用于部分边坡生态恢复工程,将“沥青路面与面层材料组成设计研究阶段成果”应用于路面设计与施工等,均取得了良好的效果。

为提高安全管理水平,在高墩大跨桥梁中广泛采用了高性能电梯,部分特大型桥梁重点部位还设置了电视监控。

为了加强工程质量监控,建立了高标准中心试验室,购买了地质雷达、桥梁检测车等高新设备对隧道、桥梁进行检测。

为了提高工程管理水平,针对项目建设规模大、技术含量高、施工难度大、建设工期长等特点,通过对国内一流的工程建设管理软件的引进和二次开发,实现了工程管理信息化。

4.2.3 重庆绕城高速公路

重庆绕城高速即重庆外环高速公路,于2005年5月10日正式开工,2009年12月31日正式全线开通。

(1)组团城市绕城高速公路规划与管理技术

城市规划与公路建设常常出现相互制约,又往往需要彼此融合,协调好高速公路与城市规划之间的关系是重庆绕城高速公路建设的重要课题。与此同时,由于地处都市区,重庆绕城高速公路与已建成的 8 条射线高速公路和众多的城市道路、铁路、管线交叉,并且三次跨越两江,建设方案十分复杂。组团城市绕城高速公路规划技术标准的研究促成了重庆绕城高速公路工程方案的充分优化。

通过平面线位调整化解了绕城高速公路与大学城、鱼嘴湾等城市规划发展之间的矛盾。

通过提高线位、凌空架桥、控制基础开挖,消除了绕城高速公路对桥口坝森林公园及水环境的影响。

通过预留城市通道以适应空港开发区等城市区域的长远发展。通过桥及路幅的变通设计,为绕城西段未来扩建为八车道高速公路预留条件。

通过灵活应用技术标准、规范,克服了绕城高速公路 27 个互通立交的统筹布局、规模控制以及桥隧干扰等问题,并预留了沿江成渝复线高速公路枢纽立交的建设场地。

通过设置 108 处通道,加之沿线众多主线桥、跨线桥及过人涵洞,最大限度地为沿线群众穿越绕城高速公路提供了方便。

基于建设管理的体制优势,重庆高速公路网在工程建设、运营管理两方面都实现了高度统筹。服务于城乡统筹的绕城高速公路运营管理技术、区域管理联网监控技术、智能联动控制技术、联网收费技术等科研成果全面应用于重庆绕城高速公路。

(2)城乡结合地带高速公路资源节约与环保技术

重庆绕城高速公路线路大量穿越城镇、经济开发区或居民密集区,土地资源十分紧张。按照服务社会、服务民生的宗旨,重庆绕城高速公路的建设高度重视保护环境和节约土地资源,并深度开展了相关技术研究。

重庆绕城高速公路力求顺应地形,以减少高填深挖,尽可能采用小间距隧道,合理设置挡护工程等,以减少占地规模,节约土地资源。通过调整平、纵线形及边坡坡率,避免大量取土弃土,妨害生态环境。

重庆绕城高速公路的施工相当重视对古树古木、线外森林植被、水体的保护。对红线内植物进行移栽,收集红线内的耕植土,用于绿化种植或复耕还填。

在隧道口、互通立交区以及边坡顶,设置蓄水池,营造水体景观,并储备后期养护用水。

将部分路侧弃土场建设成为临时停车港或观景台,方便车辆驾驶员停靠,欣赏路域风光。将没有景观要求的立交区空地及弃土场用作苗圃基地,充分开发高速公路的用地资源价值。

为了有效保护生态环境，绕城高速公路经过空港开发区、大学城、水土江北中学等路段时，通过路线绕避、高程调整、设置隔音墙、种植绿化带等措施，尽可能避免城镇和教学区域遭受高速公路噪声的影响。

在大树至施家梁段，线路尽量远离嘉陵江岸，避免公路工程建设对江河沿岸植被及生态的破坏。着重加强立交隧道口、服务区以及中央分隔带的绿化景观设计，并以乔、灌、草相结合的方式，实施大面积边坡绿化，充分营造融入自然、行车舒适的路域景观环境。

重庆绕城高速公路全面推行了前馈式智能通风、智能联动控制、节能照明等节能技术。重庆绕城高速公路玉峰山、施家梁、环山坪、大岚垭 4 座大长隧道的设计和施工全面执行了重庆市高速公路隧道运营通风、照明、供配电消防系统设计指导意见，以及公路隧道智能联动技术指南。隧道通风照明因为近远期交通量的较大差异而采取分期实施方案，节约了初期投资和运营管理成本。

重庆绕城高速公路铺筑了 5cm 聚合物改性沥青水泥混凝土路面路桥隧示范段，并率先成功地将常规沥青混凝土拌和设备应用于聚合物改性沥青水泥混凝土的拌和。

重庆绕城高速公路共铺筑了 3 公里多废胎胶粉沥青路面，行车更加舒适，雨天水雾更少，噪声减少 2 ~ 3dB(A)。

(3)重庆绕城高速公路复杂结构物建造技术

江津观音岩长江大桥全长约 1.2km，为主跨 436m 双塔双索面斜拉桥，主桥宽度 36.2m，主梁采用双工字形截面钢混组合梁，主梁中心距达 35.2m，为全国同类桥梁之最，索力达 820t，为全国公路桥梁之最。其主横梁高厚比大，受力复杂，建造难度大。为保证工程顺利实施，开展了锚固点静力与疲劳模型试验、锚固区域足尺模型试验、斜拉桥稳定性及钢混组合效应、施工关键技术多项研究。研究成果指导了锚拉板的设计和施工，优化了锚固区普通钢筋及预应力钢筋设计，验证了设计参数的合理性，提供了一系列施工技术细节措施，保证了桥的施工质量及成桥质量。

主跨 616m 的鱼嘴长江大桥，是西南地区跨经最大的悬索桥。施工中温度变化引起的主缆架设偏差会严重影响桥梁的安全和耐久性。为掌握主缆温度场及其对主缆的影响，研究开发了高精度自动化温度采集系统，完成了现场温度场测试。通过主缆索段模型试验，结合国内外相关研究成果，首次确立了考虑太阳辐射强度的主缆温度场计算方法，有效控制了温度变化主缆架设偏差，提高了主缆施工精度。

主跨 130m 的新滩大桥是全国首座采用悬浇法施工的体外预应力连续刚构桥梁。该桥左幅采用传统体内预应力设计，右幅则采用体内体外混合配束的预应力体系，相对于传统预应力桥梁，体外预应力束可更换、易检验，施工更方便，质量更可控。

在路面建设方面，开展了高温多雨山区高速公路路面修筑技术研究，利用环道试验场进行了加速加载试验研究，并做了大量室内室外试验，提出了适合重庆高温多雨地区的典型设计方案。

（4）重庆绕城高速公路交通安全保障技术

针对重庆绕城高速公路连接城市组团集散内外物流的特点，全面推广应用了区域智能监控技术、隧道火灾防治技术、船桥碰撞预警技术、路侧振动带技术以及分段限速运行管理技术，为重庆绕城高速公路的运行安全提供了全方位的技术支撑。

4.2.4 忻阜高速公路

忻阜高速公路是山西省三纵十一横公路主骨架的第四横，是一条重要的运输通道与旅游通道，2010 年 9 月 30 日，忻阜高速公路（山西段）即五台山至忻州高速公路正式通车。忻阜高速公路沿线工程地质环境复杂、生态环境脆弱、交通走廊带狭窄、断面交通量不均衡且重载运输车辆比例高，并途经历史文化遗产圣地——五台山，具有旅游交通量波动较大的特点。忻阜高速公路前期建设、后期运营管理与养护必须充分考虑公路沿线及其自身特点，忻阜高速公路的建设既要满足山西省经济发展和交通运输的需要，也要保护高速公路沿线脆弱的生态环境；既要保证工程建设的安全、高效，也要尽量节约建筑材料和降低建设成本。针对忻阜高速公路建设具体要求，如何在工程设计、施工、建设中最大程度地节约资源、保护环境，是忻阜高速公路建设过程中必须解决的技术难题。

为了更好地解决这些难题，2007 年忻阜高速公路被交通运输部确定为全国四项“高速公路科技示范工程”之一，开展以“节能、低碳、安全、环保”为主要内容的科技示范工程，积极利用现有科技成果来解决忻阜高速公路建设中的各种问题，建设“节能、低碳、环保、安全”的高速公路，并探索将科技成果应用于实际工程的途径，促进山西省高速公路又快又好发展。

忻阜高速公路采用的技术主要分为三大类，即安全快捷技术、资源节约技术和低碳环保技术。

（1）安全快捷技术

①高速公路路侧安全防护技术；

②高速公路安全运营车速控制与管理技术；

③高速公路紧急救援支撑技术；

④负载交通条件下的安全评价与通行能力评估技术；

⑤高速公路数字化综合管理与出行者信息化技术（服务区出行者交通信息服务系统、大气能见度与交通状况视频检测系统）；

⑥高速公路建设信息化技术（公共信息网、工程业务网、办公 OA 网三网合一，提高了工作效率和管理水平）。

(2)资源节约技术

①高速公路隧道弃渣综合利用技术；

②机制砂混凝土技术；

③重载交通路面修筑技术；

④钢混组合箱梁桥设计施工技术；

⑤地方性材料应用技术；

⑥高速公路工程质量动态监控与综合管理技术。

(3)低碳环保技术

①废胎胶粉筑路应用技术；

②聚合物改性水泥混凝土路面技术；

③温拌沥青混合料技术；

④隧道节能照明技术；

⑤太阳能综合利用和主动发光诱导技术；

⑥路域生态工程技术；

⑦道路与环境景观融合设计技术。

4.2.5 庐山西海高速公路

永修至武宁（庐山西海）高速公路（简称庐山西海高速公路）是江西省规划建设的一条地方加密高速公路，全线位于江西省北部的九江市境内，路线全长104.487km，于2009年7月正式开工建设，2011年9月16日建成通车。

庐山西海高速公路东起福银国家高速公路昌九段，西连大广国家高速公路武吉段，贯穿庐山西海国家级风景名胜区，是江西省首条景区旅游高速公路，其建设对策应鄱阳湖生态经济区建设，加强南昌、武汉经济联系，发展环鄱阳湖区域旅游产业，完善赣西北地区公路布局，带动沿线四县（永修、德安、瑞昌、武宁）一区（庐山西海风景名胜区）的经济发展等均具有重大意义。

庐山西海高速公路安全绿色交通科技示范工程科技攻关和应用技术主要有四大类，具有以下特点：

(1)水环境安全保障技术

水环境安全保障技术以危险化学品运输车辆事故风险防范为主，强调主动预防与被动治理有机结合的理念。其中主动预防强调交通安全技术在危化品运输车辆事故水环境风险防范中的应用,被动治理则注重危化品泄漏与雨水的分别处置。

(2)交通安全保障技术

交通安全保障技术主要推广应用排水降噪沥青路面、新型防撞护栏、新型交通标志、标线、车速预警与大型车车道警示等,并通过集成道路交通安全评价与交通事故信息管理系统、基于路网的交通标志系统化设计、高速公路雾区安全保障以及高速公路安全运行动态监管与应急保障技术,形成智能公路公共安全保障与应急处置成套技术。

(3)生态旅游公路建设技术

围绕旅游公路的景观建设、服务与管理及生态恢复,推广应用旅游公路景观规划、设计及营造技术、旅游出行绿色服务与管理技术、路域生态工程技术等生态旅游公路建设技术;体现以人为本的理念,实现公路实体与生态景观的和谐统一,为游客提供更舒适的行车环境,成为旅游经济发展的友好载体;强化服务旅游的基本功能定位,为旅游公路建设提供支撑。

(4)资源节约型环境友好型公路建设技术

资源节约型技术主要围绕节约用地设计与废旧资源循环利用,环境友好型技术则以温拌沥青混凝土路面技术为主,贯彻落实资源节约与环境友好的公路建设方针,推广循环经济发展模式,将资源节约与环境友好的理念贯穿于公路的设计、施工、管理等各个环节。

庐山西海高速公路安全绿色交通科技示范工程充分发挥了科技对工程建设与运营的支撑作用,示范作用显著,取得了良好的社会、经济及环境效益。具体如下:

①修建了60余公里、全国最长的路桥面径流收集处理系统,实现了路面雨水径流的全收集、全处理。

②成功打造了全国第一个绿色(低碳)服务区、江西第一个“第四代”服务区——庐山西海服务区,达到了二星绿色建筑标准。

③实施了集雾情监测、信息诱导与主动发光诱导、雾区安全运行保障综合监控系统于一体的雾区安全保障实体工程,有力地保障了雾区行车安全。

④在三维地理信息系统平台的支持下,开发了庐山西海高速公路管理三维系统,显著提高了交通安全保障与服务水平。

⑤成功修建了22km性能优良的、国内最长的高速公路排水降噪沥青路面,安全与环保兼益。

⑥在高速公路中应用图形化指路交通诱导屏,规模化运用“四新”交通安全保障技术,为全天候行车安全提供了坚强的保障。

⑦全线推广了自然型边坡保护、坡面近自然植物群落恢复重建及生态边沟等生态技术,实现了“路景共融、绿色永武”的建设目标。

4.2.6 雅泸高速公路

雅安至西昌(泸沽)高速公路路线起于雅安市雨城区,经荥经、汉源、石棉,止于凉山州冕宁县泸沽镇,全长240km,采用双向四车道,设计速度80km/h,路基宽度为24.5m,沥青混凝土路面,总投资约206亿元,是四川高速公路建设史上投资规模最大、单个项目里程最长的高速公路,也是目前我国利用亚行贷款额度最大的项目。2012年4月28日,雅安至西昌(泸沽)高速公路全线建成通车。

雅安至西昌(泸沽)高速公路由四川盆地边缘穿越横断山脉的高山峡谷地带,工程建设面临极其复杂恶劣的自然环境和建设条件,在勘察、设计、施工和管理等方面存在众多困难和问题,其难度之高,在国内乃至世界范围内都具有特殊性和典型性。项目具有以下六大特点:

一是地形条件极其险峻。从成都平原到西昌至滇中高原,沿途山高谷深,地势陡峭,沟壑纵横。项目路线在海拔高程630~3 200m之间剧烈变化,呈"M"形展布在崇山峻岭之间。为穿越泥巴山、拖乌山和大渡河瀑布沟库区等高山河谷地带,共需修建桥梁270座、91km,隧道25座、41km。全线桥隧占比达55%,局部地区高达70%以上。

二是地质结构极其复杂。项目盘亘在中国大西南地质灾害频发地区,北邻著名的龙门山断裂带,南接安宁河地震带,沿途共穿越12条地震断裂带,地震烈度高达7~9度,坡体破碎严重。跨越青衣江、大渡河、安宁河等水系,水文变化复杂。全线不良地质病害多达80余处。

三是气候条件极为复杂多变。伴随着海拔变化,路线沿途区域气候复杂多变,多雨潮湿区、干旱河谷区、干旱少雨高原区并存,一定海拔高度上还存在季节性冰冻积雪、浓雾、强暴雨等不良气候,存在2 500m海拔高差和相邻气候带15℃的温差,气候的季节性变化和高寒高海拔地区恶劣的气候条件,给公路建设带来极大挑战。

四是生态环境极其脆弱。路线穿越了泥巴山北坡森林区、栗子坪自然保护区,拖乌山高山湖泊、湿地,以及安宁河谷平原。为保护沿途生态环境的多样性,工程建设摈弃了大刀阔斧开山劈岭的作业方法,采取了修桥绕行或隧道穿越的建设模式,工程规模和环保要求陡然提升。

五是建设条件极其艰苦。路线穿越我国大西南深山峡谷地区,施工作业面陡峭狭窄,冰雪期施工组织调度困难,人员物资运送保障任务异常艰巨。

六是安全运营难度极大。受地形和气候条件制约,项目6次越岭,存在长大纵坡、特长隧道、冰雪路段,其中石棉至拖乌山连续升坡长度达到51km,公路营运安全管理难度极大。

面对公路建设史上前所未有的严峻挑战和重大考验，雅安至西昌（泸沽）高速公路建设始终坚持实事求是、因地制宜、科学创新的原则，积极运用先进科学成果和在工程实践中积累的宝贵经验，根据实际需要，吐故纳新、科技攻关，敢为人先、大胆创新，通过实施科技示范工程建设，累计开展了部、省级科技研发项目 32 项，推广应用项目 7 项，在山区高墩大跨桥梁建设、特殊特长隧道建设、连续长大纵坡行车安全关键技术等方面取得了重大技术创新，有力地支撑和推动了工程建设，典型控制性工程多项指标创造了国内乃至世界同类工程的历史新纪录。

（1）山区高墩大跨桥梁建设技术取得创新突破。

①针对山区高速公路桥梁高墩大跨特点，开展了钢管混凝土组合桥墩技术研究，在我国桥梁史上首创了钢管混凝土组合桥墩形式，首次采取了 C80 混凝土自密实灌注工艺，实施混凝土一级泵送高度达到 240m，为世界工程建设领域最大高度。以上创新，减轻了桥墩自重，简化了施工工艺，节省了桥墩钢筋、水泥等建材用量近 20%，有效减少了高地震烈度区地基承受力，其依托工程腊八斤特大桥，主墩高达 182.64m，是目前世界连续刚构桥梁第一高墩。

②针对山区高烈度地震区复杂地质条件，在我国公路桥梁史上首创了中等跨径钢管连续桁架梁新形式，可有效减轻结构自重 55%，减少桩基数量近一半。该桥型既适合高地震烈度复杂地形，也适合于场地狭窄、施工干扰大的城市。其依托工程干海子特大桥，全长 1 811m，是世界第一座主梁、桥墩全部采用钢管混凝土桁式结构体系的桥梁。

③为提高桥梁各部位防裂性能，提高桥梁品质，组织开展了高性能混凝土制备技术研究。通过采用新材料、新技术进一步提升了质量控制水平，提高了混凝土的使用性能和寿命，具有明显的节能减排效应。

（2）山区特殊特长隧道建设技术取得创新突破。

①泥巴山特长隧道是雅安至西昌（泸沽）高速公路建设控制性工程之一，隧道全长 10km，为目前西南地区已建成最长公路隧道；隧道穿越 17 条大断层、最大埋深 1 650m、通风斜井长 1 500m、地下风机房 6 000m^2，均为我国已建成隧道第一。通过组织开展泥巴山深埋特长隧道修建技术研究和泥巴山隧道重大工程地质问题分析及病害处治技术研究，成功解决了设计、施工过程中的重大技术问题，确保了隧道安全、顺利建成，总结出一套特长深埋隧道设计与施工关键成套技术。

②为克服路线高差，避开断裂带和季节性冰冻带，在世界上首次将双螺旋隧道设计运用于高速公路越岭线上的隧道，两座螺旋隧道（干海子隧道和铁寨子隧道）在拖乌山北坡栗子坪至铁寨子越岭线，通过双螺旋展线方式，实现了在 2.9km 的"V"形峡谷范围内连续爬升 350m，为解决路线爬升、克服海拔高差提供了新范本；同时，开展了小半径螺旋隧道施工通风及运营通风技术研究，解决了隧道施工与运

营通风问题。

(3)山区长大纵坡行车安全关键技术取得创新突破。

最长达51km的系列长大纵坡行车安全问题是雅安至西昌(泸沽)高速公路建设和运营管理必须解决的重点和难点之一。通过科技创新与成果转化应用,高速公路长大纵坡行车安全关键技术取得新进展。一是在工程设计上,采取了高速公路行车安全评价技术,优化路线设计;二是在运营管理上,建立了山区高速公路运营安全保障体系和应急救援系统,采取全路段实时监控技术,建立了行车安全宣传和引导停车管理机制;三是在行车安全措施上,在国内首次运用路面温度预测预报新技术——热谱地图,对冰雪雨雾较多的路段行车安全实施全路段监控,建立了40km雾闪灯路段,以此进行安全警示,研发并设置了新型网索式避险车道,增设新型消能减速护栏等交通安全设施。

此外,通过示范工程建设,形成了水库库岸再造技术、桥梁抗震技术、隧道抗震技术等多项科技创新成果,不仅有力地推动了雅泸高速公路工程建设,而且极大地丰富了山区高速公路建设经验和技术储备。

4.2.7 湖南长湘高速公路

长湘高速公路是国家高速公路南北大通道京港澳复线在湖南境内的重要组成部分,路线北起望城区茶亭镇,接岳阳至长沙高速公路,南止湘潭市塔岭,与湘潭至衡阳西线高速公路相接。项目主线全长74.9km,按双向六车道高速公路标准建设,设计速度120km/h,路基宽度34.5m,总投资约77亿元。项目于2009年年底开工建设,2012年12月23日建成通车。

长湘高速公路连接长沙和湘潭两座历史文化名城,处于湖湘文化核心地带和长株潭“两型”社会试验区核心区域,沿线产业布局和人口密集,生态景观类型多样,敏感性较高,抗干扰能力差,公路建设与资源供需矛盾十分突出。为充分发挥科技的引领和支撑作用,推进“两型”高速公路创新发展,为湖南乃至全国“两型交通”建设提供示范,2009年,交通运输部将长湘高速公路列为首个以“资源节约、环境友好”为主要内容的科技示范工程项目。

通过调整路线方案、对穿越基本农田路段采取“以桥代路”等措施,长湘高速置换出具有较高开发潜力的土地1 300亩(1亩=666.6m^2),减少永久占地1 200多亩,减少临时用地1 500多亩。

通过推广应用粉煤灰、钢渣等工业废渣铺筑试验路,并改良高液限黏土、强风化板岩、泥岩等用于路基填筑,长湘高速循环利用工业废渣30万余吨,综合利用废弃土70万m^3。

针对边坡绿化防护初期的抗雨水冲刷能力弱的问题,长湘高速因地制宜、就地取材，利用毛竹片制作成阶梯状的挡土结构，有效防止了种植表土和草籽流失，大大提高了植被成活率。此外，长湘高速还在全线建设了74km 生物隔离栅替代喷塑金属隔离栅，形成了地方标准《高速公路生物隔离栅》(DB 43/T 755—2013)，节约了工程综合成本。

为了最大限度地保护沿线自然生态环境，长湘高速在公路建设过程中牢固树立"不破坏就是最大的保护"理念，并创新性地提出"公路环保绿线"技术，超过10%的公路用地面积维持了原有的自然属性。同时，采用隧道"零仰坡"进洞技术，做到洞门与周围生态环境的有机融合，最大限度地保护了原始生态地貌。

为了彰显地方特色，精心塑造人文环境，长湘高速通过设置文化墙、石刻雕塑、导示牌等服务设施，将公路沿线自然天成的景观元素和"湖湘文化""雷锋故里"等文化元素有机融合，为途经的驾乘人员营造了"车行三湘大地，感悟湖湘文化"的优美的公路环境。

针对隧道钻爆施工存在的安全问题，长湘高速采取了一系列风险控制措施，确保隧道施工零事故。通过开发基于测速雷达的桥梁防船撞预警系统并发明了一种吸能导向桥墩防撞装置，提高了全线桥梁施工安全保障能力和防撞预警能力。此外，长湘高速还研发出一种新型结构的柔性护栏，能大大降低事故严重程度，有效提高公路交通安全防护水平。

4.3 绿色循环低碳公路主题性项目

随着交通运输节能减排体系建设的不断推进与完善，公路建设与改造领域节能减排也取得了长足的进步与发展。为了促进节能减排理念在公路基础建设中的深入，交通运输部在2013年首次将"绿色循环低碳公路"列入节能减排专项资金支持的主题性项目，在全国范围内同批纳入了条绿色循环低碳公路。2014年选出5条公路作为主题性项目。分别见表4-1、表4-2。

2013年交通运输部绿色循环低碳公路主题性试点项目 表4-1

序　号	公路工程名称	里程(km)
1	广东广中江高速公路	66
2	云南麻昭高速公路	106
3	河南三淅高速公路	122
4	河北京港澳高速公路(京石段)	225
5	河北京港澳高速公路(石安段)	248
6	江苏宁宣高速公路	46
7	成渝高速公路	109

2014 年交通运输部绿色循环低碳公路主题性试点项目 表 4-2

序　　号	公路工程名称	里程(km)
1	吉林鹤大高速公路	480
2	江西昌樟高速公路	84
3	贵州道安高速公路	249
4	青海花久高速公路	384
5	港珠澳大桥	50

对全国范围内各绿色循环低碳公路实施方案进行调研,对使用过的绿色循环低碳技术进行了统计,见表 4-3。

节能减排技术应用情况 表 4-3

序号	节能减排技术	高速公路名称							
		广中江	京石	石安	三浙	成渝	宁宣	麻昭	巴南广
1	厂拌冷再生技术		○				○	○	
2	温拌沥青技术	○	○	○	○		○	○	○
3	橡胶沥青技术		○	○	○		○	○	
4	抗车辙剂							○	
5	高模量沥青混合料						○		
6	长寿命路面结构				○				○
7	LED	○	○	○	○		○	○	○
8	太阳能发电系统	○	○	○	○		○		○
9	风光互补照明系统/太阳能照明						○	○	○
10	太阳能热水器	○	○	○	○		○		
11	绿色低碳节能减排管理信息系统	○	○	○	○				
12	公路用户低碳运行管理指示系统	○	○	○	○		○	○	
13	不停车超载预检系统		○	○			○	○	○
14	ETC 不停车收费系统	○	○	○	○		○	○	○
15	沥青拌和楼油改气或绿色拌和站技术		○	○		○		○	○
16	地源热泵		○	○	○		○		○
17	节能建筑技术		○	○	○		○	○	○
18	分布式智慧节能供电技术			○	○				
19	废旧护栏翻新技术			○					
20	沿线城市建设开槽土利用		○	○					
21	粉煤灰应用	○	○	○	○				○
22	建筑垃圾利用		○	○					

续上表

序号	节能减排技术	高速公路名称							
		广中江	京石	石安	三浙	成渝	宁宣	麻昭	巴南广
23	填砂路基		○						
24	隧道弃渣利用	○			○			○	○
25	污水回收利用技术	○	○	○			○	○	○
26	路基植物纤维毯防护技术		○	○					
27	高性能混凝土技术		○	○				○	
28	表土资源利用	○			○			○	
29	桥梁梁板集中预制		○					○	
30	隧道节能通风			○	○			○	○
31	渗井技术		○						
32	集中供电措施	○			○	○		○	○
33	路域生态建设	○			○	○		○	○
34	桥面径流净化	○			○	○			○
35	路面径流净化				○	○			
36	声屏障工程	○			○				○
37	生态边沟	○							○
38	生态挡墙	○							
39	标准化施工	○	○	○				○	○

4.4 小结

根据早期绿色公路建设的摸索、交通运输部科技示范工程以及绿色循环低碳公路主题性项目的实施，对绿色公路的理念和内涵有了越来越清晰的认识。

(1)强调勘察设计的重要性

主要表现在合理确定建设标准，灵活运用技术指标，平纵曲线的调整以及路基、桥隧设计方案的合理选择，有的项目还考虑到了未来本项目的改扩建以及周边地区的发展，力求设计满足现在和未来的要求，最大程度地节约资源、保护环境。

(2)设计方案综合考虑绿色循环低碳技术

从以往的工程实践看，实施的技术大致可以分为以下几个大类(有些技术可能同属于几个大类)：

①资源节约类。

强调重复利用道路工程已有的废旧材料、其他行业的废旧材料，以及合理利用边际材料。

道路工程已有的废旧材料典型应用技术是沥青路面冷再生技术、隧道弃渣、废旧护栏的翻新再利用,其他行业的废旧材料如橡胶沥青、粉煤灰、建筑垃圾、沿线城市建设开槽土,边际材料如河砂等。

结构物长寿命是最大的节约,许多项目通过使用新材料、新技术、新工艺提高结构物的耐久性。

②节能减排类。

这包括直接节能减排技术和间接节能减排技术。

直接节能减排技术包括温拌沥青技术、太阳能和风能利用、节能照明、沥青拌和楼油改气、地源热泵、智慧供电技术。

间接节能减排技术包括长寿命路面结构与材料、梁板集中预制、绿色拌和站的建设与管理、ETC、不停车预检系统、绿色低碳节能减排管理信息系统、公路用户低碳运行管理指示系统、标准化施工等。

③其他绿色环保类。

这类技术虽然与节能减排没有直接的联系,但符合可持续发展的理念,是建设绿色公路不可或缺的一部分。这类技术包括桥面和路面径流控制、污水回收利用技术、雨水的合理利用(蓄水池)、表土资源的保护、声屏障工程、生态边沟、生态挡墙、生态通道、路域生态建设等。

(3)重视安全畅通运营和监控

主要体现在路侧安全防护、车速控制与管理、数字化综合管理与出行者信息化、紧急救援、天气预报、隧道火灾防治、船桥碰撞预警、区域智能监控等多项技术和方面,充分保障项目的安全、快捷运营。

(4)其他

部分项目为了彰显地方特色,精心塑造人文环境,如思小高速公路和长湘高速公路。

有些项目采用高速公路建设信息化技术,使公共信息网、工程业务网、办公 OA 网三网合一,提高了工作效率和管理水平。

总的来说,我国公路建设取得了举世瞩目的成绩,在绿色公路建设方面也进行了摸索和具体实践,采用了很多新材料、新技术、新工艺,有针对性地解决了项目建设过程中面临的难点和关键点。尽管如此,我国的绿色公路建设仍有很大的发展空间,突出体现在缺少一个系统性的顶层设计或绿色公路体系框架指导绿色公路的设计、施工和运营养护。另就设计、施工和运营养护各阶段而言,施工阶段的现场管理仍有较大改进空间,施工过程中节能减排环保的理念尚没有得到充分实施。在施工环保培训、施工机械减排、施工现场水土流失和沉积物控制、施工现场油、燃料和水的使用控制、施工废弃物管理等方面仍有许多具体工作要做。

5　我国绿色公路评价体系的构建思路

5.1　绿色公路的定义与内涵

5.1.1　绿色公路的定义

公路基础设施是关系国民经济和社会发展全局的民生工程，对国民经济的发展起着不可替代的支撑作用。但与此同时，公路基础设施建设养护与运营会占用和消耗大量的资源，对周边生态环境产生直接或间接的影响，带来了一系列环境问题。实现公路基础设施本身固有交通功能的同时，减少其建设性破坏，实现公路基础设施与自然生态的和谐共生，体现向大自然的索取和回报之间的平衡，是实现交通产业转型、建设资源节约和环境友好型交通行业亟待研究解决问题，这也是提出“绿色公路”的初衷。

基于国内外绿色公路相关研究以及实践的调研，我们提出如下的“绿色公路”的定义：在公路的全寿命周期内，有效节约资源、合理保护环境、减少可控污染，为人们提供畅通、高效、舒适的出行服务，与自然和谐共生的公路。

5.1.2　绿色公路的内涵

绿色公路应该具有全寿命、全要素、全方位的“三全”基本特征：

(1)全寿命周期：绿色公路建设应体现在其建设、运营、养护、重建等寿命周期各阶段。

(2)全要素：以绿色公路应涵盖可持续发展的社会、经济、环境三大方面要素，整合为八个方面的内涵：节能减排，资源节约，生态友好，景观优美，安全耐久，高效智慧，服务多元，协调发展。

①节能减排、资源节约，就是要节能、减排、节材、节水、节地；

②生态友好、景观优美，就是要关注大气污染、生物保护、水土保持、噪声控制，同注重公路景观，为用户提供舒适、优美、不易疲劳的行车环境；

③安全耐久、高效智慧，就是要打造品质工程，提高公路基础设施安全型和耐久性，展现工程的结构美，并使用现代智能信息技术，提供畅通、高效、便捷的行车条件；

④服务多元,协调发展,指的是公路基础设施建设应满足公众日益增长的多元化需求,并带动沿线区域社会经济的发展。

(3)全方位:首先,绿色公路不仅自身的建设运营维护要绿色,它还能够为绿色运输、安全运营、沿线区域发展创造必要条件;其次,绿色公路不仅包括路面工程要绿色,也包括桥梁、隧道、交通工程设施等的绿色。

5.2 绿色公路的评价体系

5.2.1 体系的构建原则

从绿色公路的定义和内涵可以看出,绿色公路需要考虑的因素、期望达到的目标是多方面的,这些目标之间相互作用甚至相互矛盾,使决策过程变得相当复杂,具有典型的多目标决策问题的特征:一是目标之间的不可公度性,也就是目标之间没有统一衡量的标准,很难进行比较。二是目标之间的矛盾性,如果采用每个方案改进某个目标的值,可能会使另一目标变坏。例如,山岭区公路裁弯取直可以节地、节能,但是可能会破坏景观;橡胶沥青可以实现材料循环利用,但是使用过程的污染和能耗要高于普通沥青,等等。因此,绿色公路的评价,属于多变量指标综合评价。指标可以是定性的也可以是定量的,指标的重要程度采用权值衡量。

绿色公路评价指标的选择及体系的构建,将遵循以下原则:

(1)科学性原则。绿色公路评价指标体系必须遵循自然生态规律,符合公路科学发展规律和工程实际,确立的指标必须是能够通过观察、测试、评议等科学的方法和手段得出明确结论,能够较为客观和真实地反映公路基础设施的环境友好程度,存在较少争议。

(2)系统性原则。每一个子系统由一组指标构成,各指标之间相互独立,又彼此联系,共同构成一个有机统一体。指标体系的构建具有层次性,自上而下,从宏观到微观层层深入,形成一个不可分割的评价体系。

(3)可操作性原则。形成的评价指标体系应具有实用性和可操作性。首先,评价指标体系要繁简适中,在能基本保证评价结果的客观性、全面性的条件下,指标体系尽可能简化,减少或去掉一些对评价结果影响甚微的指标。其次,数据要易于获取,无论是定性评价指标还是定量评价指标,其信息来源渠道必须可靠,并且容易取得。否则,评价工作难以进行或代价太大。

(4)目标导向原则。绿色公路的评价的目的不是单纯评出名次及优劣的程度,更重要的是引导和鼓励被评价对象乃至整个公路行业向着正确的方向和目标发展。

5.2.2 指标体系的构成

按照上述绿色公路的"三全"特征和资源节约、生态友好、畅通高效、公路美学的内容，采用层次结构分析法（AHP），将绿色公路由总指标分解成次级指标，再由次级指标分解成次次级指标（目标层、准则层和指标层），并组成树状结构的指标体系，使体系的各个要素及其结构都能满足系统优化要求，体现出对上述各种关系的统筹兼顾。

构建绿色公路评价指标体系时，首先，我们将借鉴国内外相关评价体系的经验，主要包括美国"绿色公路"评级系统（The Greenroads Rating System）、国际标准化组织 ISO14040 系列标准、美国联邦公路局 FHWA 基础设施可持续性评价系统（INVEST）、美国绿色建筑委员会（USGBC）标准、荷兰能耗评价标准（DuboCalc）、住房和城乡建设部《绿色建筑评价标准》（GB/T 50378—2014）等。其次，我们还要借鉴国内已经实施的交通运输部科技示范工程（湖北沪蓉西高速公路、四川雅泸高速公路、山西忻阜高速公路、江西庐山西海旅游高速公路、湖南长湘高速公路等）以及绿色循环低碳公路主体性试点项目，全方位了解其在绿色公路方面的实施内容、实施效果，确保评价指标体系既不缺项又重点突出。

目前初拟的绿色公路评价指标体系包括：

（1）目标层：绿色公路。

（2）一级指标：可研/设计阶段、施工阶段、运营养护阶段。

（3）二级指标：

①可研/设计阶段，包括：经济分析，寿命周期费用分析，总体设计，土石方合理利用，公路与交通安全，栖息地恢复，生态连接性，现场植被，水汇集与排放，货运管理，智能交通系统，节能照明系统，材料减量化和再利用，材料循环使用，长寿命路面设计，路面材料的节能减排，历史、考古和文化保护，风景，自然和休闲品质，宣传教育共 19 项。

②施工阶段，包括：承包商缺陷责任期，施工机械减排，施工减噪，施工质量控制计划，施工现场水土流失和沉积物控制，施工现场油、燃料和清洗水控制，施工现场空气质量控制，施工废弃物管理，施工环保培训共 9 项。

③运营养护阶段，包括：养护运营部门可持续发展计划、电能的效率和使用、再利用和循环利用、安全管理、环保合规跟踪系统、路面管理系统、桥梁管理系统、隧道管理系统、养护管理决策系统、公路基础设施养护、交通安全设施养护、道路气象信息服务、交通管理和运营、养护施工作业区交通控制共 14 项。

6 绿色公路评价体系

6.1 基本说明

绿色公路的评价以单条高速公路或一级公路为评价对象。对新建、改扩建公路的评价,应在其投入使用一年后进行。

绿色公路评价体系包括可研设计、施工和运营养护三个阶段的评价指标,每阶段的权值见表6-1。每阶段的评价指标总分均为100分,指标组成以及单指标权值见表6-2 ~ 表6-4。

$$绿色公路评价得分 = \sum(阶段权值 \times \sum 阶段指标得分)$$

绿色公路评价体系组成部分权值 表6-1

组成阶段	权值
设计	0.4
施工	0.3
运营养护	0.3

可研设计评价指标组成和权值 表6-2

序号	组成部分	权值
1	经济分析	6
2	寿命周期费用分析	6
3	总体设计	10
4	土石方合理利用	7
5	公路与交通安全	6
6	栖息地恢复	4
7	生态连接性	4
8	现场植被	4
9	水汇集与排放	5
10	货运管理	3
11	智能交通系统	6
12	节能照明系统	6

续上表

序　号	组 成 部 分	权　　值
13	材料减量化和再利用	5
14	材料循环使用	6
15	长寿命路面设计	8
16	路面材料的节能减排	6
17	历史、考古和文化保护	3
18	风景、自然和休闲品质	3
19	宣传教育	2
总分		100

施工评价指标组成和权值　　表 6-3

序　号	组 成 部 分	权　　值
1	承包商缺陷责任期	11
2	施工机械减排	9
3	施工减噪	8
4	施工质量控制计划	13
5	施工现场水土流失和沉积物控制	15
6	施工现场油、燃料和清洗水控制	11
7	施工现场空气质量控制	10
8	施工废弃物管理	15
9	施工环保培训	8
总分		100

运营养护评价指标组成和权值　　表 6-4

序　号	组 成 部 分	权　　值
1	养护运营部门可持续发展计划	9
2	电能的效率和使用	7
3	再利用和循环利用	9
4	安全管理	7
5	环保合规跟踪系统	7
6	路面管理系统	7
7	桥梁管理系统	6
8	隧道管理系统	6
9	养护管理决策系统	9

续上表

序号	组成部分	权值
10	公路基础设施养护	7
11	交通安全设施养护	7
12	道路气象信息服务	5
13	交通管理和运营	7
14	养护施工作业区交通控制	7
总分		100

6.2 可研、设计评价指标

6.2.1 经济分析(6分)

6.2.1.1 指标含义

采用效益成本分析(BCA)或经济影响分析(EIA),论证用户效益,包括环境、经济和社会效益,证明寿命周期成本的合理性。

6.2.1.2 得分要求

(1)3分——费用效益分析(BCA)

费用效益分析评估了项目用户和业主的效益和费用。通常包括业主可以预估的用户和业主的直接费用和效益,具体包括运营成本、通行时间成本以及车辆事故和污染的成本。更广泛的经济影响通常不在分析范围内。费用效益分析通常用来分析与项目有关的社会效益的净现值、净投资成本,也包括货币交易中未能反映的效益。

项目费用效益分析必须采用最低可接受的行业实践水平来完成。对比方案中,可以包括不建设的情况。

费用效益分析有利于论证项目环境、经济和社会效益的合理性。不要与寿命周期费用分析混淆,寿命周期费用是用来比较不同的方案,是效益成本分析的起点。

(2)3分——经济影响分析(EIA)

项目投资影响区域经济收入,经济影响分析与其中涉及的货币交易有关。经济影响分析不包括通行时间或其他效益成本,这些与货币交换无关,但包括效益成本分析中没包括的对商业增长的间接以及诱发的影响,也包括比直接影响更广泛的影响评估。经济影响分析回答"有或没有这个项目,区域经济会如何"这样一个问题,以某场景下预测的交易数量和类型作为量度,经济影响分析结果反映了项目建设后未来几年工作、工人收入以及国内生产总值(GDP)的变化。

得分要求:预测和量化项目的税收和费用;量化社会、环境和经济效益;量化对区域、土地价值和商业的影响。

6.2.1.3 得分证明

费用效益分析/经济影响分析的结果,包括技术文本、经济模型假设等。

6.2.2 寿命周期费用分析(6分)

6.2.2.1 指标含义

寿命周期费用分析(LCCA)是用以量化既定项目不同方案投资费用的工程分析工具。LCCA 可用来研究新建项目或既有运输设施预防性养护方案。LCCA 包括某个方案全寿命周期内业主所有的费用(规划、工程设计、施工、养护、运营和管理费用)以及用户费用(包括时间、安全、燃油以及其他与正常运营、施工作业区延误相关的车辆运营费用),不仅仅是初期投资。LCCA 不仅是一个简单的费用比较分析,而是通过复杂的计算方法确定所选方案的经济效益。

本指标设置的目的是在项目决策阶段,通过对项目关键部分进行寿命周期费用分析减少寿命周期费用和资源消耗。

6.2.2.2 得分要求

总分 6 分。根据普遍认可的工程经济学实践,完成项目关键部分的 LCCA。鼓励比较多种设计方案。对于每个方案的 LCCA,得分进行累计,但最多不超过 6 分。

(1)2 分——对所有路面结构方案进行寿命周期费用分析,确定最合理的路面类型/混合料设计。

(2)2 分——对所有雨水基础设施的方案进行寿命周期费用分析,包括规划、设计、初期投资、养护和运营。就最佳管理实践而言,应特别关注定期养护频率,长期存在的养护问题(如,堵塞)以及故障率(增加最佳管理实践实施费用)。

(3)2 分——对项目主要部分(桥梁、隧道、挡土墙或其他结构物)进行寿命周期费用分析。

6.2.2.3 得分证明

寿命周期费用计算结果,包括输入输出的汇总表。

6.2.3 总体设计(10分)

6.2.3.1 指标含义

总体设计应强调多学科联合的设计,旨在保证交通安全、通畅的同时,综合考虑生态、风景保护、美学、旅游、环境资源、地域文化、地方经济等与项目相关的所有因素,以最大限度发挥公路的综合效益。

本指标设置目的是通过有效决策和综合设计使项目满足交通需求和社会价值。

6.2.3.2 得分要求

(1)3 分——项目总体设计的六步走框架

项目总体设计应遵循以下 6 个关联性设计步骤:

①确定决策过程和管理机构;

②定义问题;

③确定项目评价框架;

④确定备选方案;

⑤筛选方案;

⑥评价和选择方案。

(2)4 分——部署多学科队伍

项目开发过程的工作人员是否包括规划人员、交通工程师、公众参与方面的专家、设计工程师、环境专家、安全专家、景观建筑师、路政人员、货运专家、施工工程师以及其他在该项目工作的人员,共同达到基于关键性设计的项目愿景。

(3)1 分——公众参与代表

项目开发阶段将受影响区域积极参与项目的公众人员作为公众参与代表。

(4)2 分——项目“问题、机遇和需求”的可接受度

项目业主应积极应对项目建设存在的问题、机遇和需求,对于这些问题、机遇和需求以及处理后产生的愿景,利益相关方是否都能接受?

6.2.3.3 得分证明

项目总体设计文件以及相关证明文件。

6.2.4 土石方合理利用(7 分)

6.2.4.1 指标含义

合理选线平衡填方和挖(借)方的数量,减少土石方材料的运输以及运输产生的成本,提出弃方处理方案,减少对环境的影响。

6.2.4.2 得分要求

(1)4 分——采用“地质选线、地形选线、生态环保选线”的选线原则,进行了多种路线设计方案的比选。

尽量减少土石方的填挖体积,使填挖土石方体积之差控制在 10% 以内。为了得到该项分数,在设计时用相关软件及设计方法计算出相应的填挖体积。填挖体积计算包含额外杂项如排水沟及淤泥挖掘,并考虑水分和密度以及膨胀与收缩。

(2)3 分——项目设计方量（未施工）或实际施工方量（已施工）满足以下条件：

$$\frac{(A+C)-(B+D)}{\frac{1}{2}(A+C+B+D)}\times 100\% \leqslant 10\%$$

式中：A——横断面挖方体积；

B——横断面填方体积；

C——其他项挖方体积；

D——其他项填方体积。

计算时应包括的材料如下：

①土壤材料的稳定剂或其他土壤添加剂；

②除去的表土材料；

③料堆存放的未使用的挖方或外运而来的填方。

计算时不应包括的材料如下：

①机械稳定材料，如锚杆、锚定板或土工布材料；

②路面、路基或桥梁所用的结构性集料；

③用于排水沟和雨水处理基础设施的结构性回填土和岩石；

④项目范围内作为结构性集料的开发岩石。

(3)2 分——不满足上述要求，但满足下述要求：

①通过临近项目或在本项目其他建设阶段使用剩余料堆材料。

②剩余料堆使用时其最大运输距离不超过 20km，且 1 年内能用完。

③所有剩余料堆必须有现场水土流失和沉积物控制计划。

6.2.4.3　得分证明

(1)整平计划，总挖方和总填方以及其他类型的总挖方和总填方的数据报告。

(2)承包商的实际施工土方量。包括实际的挖方和填方，未使用路堤材料的方量，运走或运来的方量。

6.2.5　公路与交通安全(6 分)

6.2.5.1　指标含义

名义性安全指的是现场（通道、交叉口、路段或区域）满足现有设计标准和规范的程度。实质性安全指的是以事故率或事故严重性定义的实际或期望的安全性能。实质性安全反映了安全的科学性：通过评估道路设计、道路用户行为以及车辆属性对安全的影响，建立对安全的客观认识。

项目开发阶段进行科学量化的安全分析，保护人体健康，减少车祸造成的社会和经济影响，减少项目全寿命周期内的重伤率和死亡率。

6.2.5.2　得分要求

(1)4 分——安全性评价

得分细则要求如下:

①0 分。仅仅参考项目开发过程期间已出版的设计和运营性能标准。

②2 分。根据《公路项目安全性评价规范》(JTG B05—2015)进行运行速度协调性评价,相邻路段运行速度的差值 $|\Delta v_{85}|$ 为 10~20km/h,运行速度协调性较好。

③3 分。根据《公路项目安全性评价规范》(JTG B05—2015)进行运行速度协调性评价,相邻路段运行速度的差值 $|\Delta v_{85}|<10$km/h,运行速度协调性良好。

④4 分。采用公路安全评价的基本理论评价、记录道路用户和道路之间的安全性。根据《公路项目安全性评价规范》(JTG B05—2015)进行道路安全审计(RSA),且考虑人的因素。

道路安全审查是由独立、多学科队伍对现有或未来的道路或交叉口进行的安全性能评价。道路安全审查根据设计师、交通工程师、养护专家、执法和人的因素专家提供的输入参数,定性报告道路安全问题,提供安全改进建议。在项目的规划和设计阶段进行道路安全审查是特别有益的。

(2)1 分——通过宣传使公众有安全意识,识别事故影响因素

采用各种宣传形式,如网站、传单,提高公众安全意识。宣传的目的是让公众更好地理解其在预防交通事故、提高安全文化素质方面的责任。

(3)1 分——项目实施后评价安全性能

①0 分——项目实施后没有进行后评价,或采用不可靠的方法如事故率评价项目实施后的安全性能。

②1 分——采用统计可靠、科学的方法评价项目的安全有效性。

由于事故相对稀少,统计可靠的后评价期可能需要数年。业主可能希望尽快完成可持续性评价,通常有文件表明业主有正式的安全评价政策和流程,或业主准备在该项目应用这样的流程,也可得到此分。

统计可靠的流程/方法至少包括以下方面:

①收集和整理记录项目实施前后 3 年的交通量、路面和事故数据。

②记录开竣工日期[即施工开始和完成日期(开放交通前最后一天)]。

③在安全性能后评估时,业主能提供以上信息。

④采用的评价方法/流程至少做到回归平均。

6.2.5.3　得分证明

(1)项目实施过程中考虑人的因素的示例证明。或者,如果进行道路安全审计,提供道路安全审计文件,包括道路安全审计人员的简历以及从事道路安全审计的经验和资格。文件需包括考虑人的因素基本原则的证明。

(2)呈给公众参与改变道路安全文化的相关信息的文件证明，包括导致事故的相关因素信息，比如超速、酒后驾驶以及分心驾驶等。

(3)项目安全评价的过程证明，包括描述既有设施安全性能如何用于改善项目决策的数据和分析。

(4)项目报告、技术备忘录或其他支撑性文件(表明项目采用的公路安全评价方法)。包括现有安全性能(事故频率、类型和严重程度)以及与合理基准点的对比文件。还包括备选方案的预期安全性能，以及项目整体决策时如何考虑量化的安全性。

(5)由相关机构或权威部门出具的例外设计审查和评价报告，该报告量化评价了例外设计的预期安全性能、针对性缓解措施以及缓解措施对安全性能的影响。若不需要例外设计，需有文件证明业主例外设计时引用参考的过程和方法，以及采用的事故分析方法。

(6)项目实施后安全有效性评价证明。包括实施前后事故数据收集，应遵循经验贝叶斯方法或其他考虑回顾平均效应的方法。若后评价时间较长，则可提供后评价意向证明或相关政策证明。

6.2.6 栖息地恢复(4分)

6.2.6.1 指标含义

避免、尽量减少或弥补项目建设造成的自然(溪流和地面)栖息地的损失，恢复、保存和保护自然栖息地高于强制性要求。

6.2.6.2 得分要求

4分——应根据表6-5中要求确定得分。不是累计得分，而是对应表6-5要求取最高分。

评分方法 表6-5

分数	方法
1	减少影响。相比传统方案，修改线形或横断面显著减轻对栖息地的影响。影响区域相比原有方案减少50%或更多
2	避免影响。相比传统方案，修改线形或横断面显著减轻对栖息地的影响。影响区域相比原有方案减少75%或更多
4	改善功能。对于需要通过恢复措施减轻栖息地影响的项目，采用恢复/保存的方法恢复或保存围绕溪流或湿地的高地缓冲区域。缓冲区大小应合适，足以改善溪流或湿地的栖息地质量
4	改善功能。对于不需要减轻栖息地影响的项目，进行栖息地恢复，保护非濒危物种的栖息地

6.2.6.3 得分证明

(1)表明现场基本条件(包括现有栖息地质量)以及待实施或种植的改进措施

的合同文件。

(2)描述现场受益物种以及栖息地改善价值的技术报告或许可文件。

(3)描述项目实施过程中减轻栖息地影响措施的技术报告。

6.2.7 生态连接性(4分)

6.2.7.1 指标含义

避免、减少或改善野生生物、两栖动物、水生生物的通道和迁移,减少车辆和野生生物的碰撞以及相关的事故。

6.2.7.2 得分要求

(1)基本条件——采用GIS数据或当地专家意见对项目进行针对性的生态评价。根据已有科学知识,报告道路对主要生态系统的影响。项目或环保监管部门的生物学家应参与该评价。生态评价应符合相关国家或地方政府颁布的关于野生生物保护的法律法规。

(2)1~4分——根据表6-6进行评分,取最高分数作为得分。注意通过改善现有道路线型来改善生态连接可得到更多分数。

减少生态连接影响的分数和方法 表6-6

分数*	方 法
1	减少影响。相对于传统方案,改善道路线形以及/或横断面以显著减少对生态连接的影响,满足或高于相关规定。要求相对最初方案减少50%或更多的影响
2	避免影响。相对于传统方案,改善道路线形以及/或横断面以显著减少对生态连接的影响,满足或高于相关规定。要求相对最初方案减少75%或更多的影响
2	改善功能。仅针对现有道路。更换、改造或升级所有现有结构有缺陷、损坏的、荒废的、尺寸不足或有其他不合适的涵洞或野生生物围栏结构或种植物。方案必须经项目生态学家、环保监管部门的生物学家或其他适宜的人员批准
4	改善功能。仅针对新建道路。根据野生生物评价,设置新的专门或多用途的野生生物跨线通道和保护性围栏(如果需要)或种植物。方案必须经项目生态学家、环保监管部门的生物学家或其他适宜的人员批准
4	恢复功能。重建过去的栖息地、基础设施或增加连通性以重建通道和栖息地。方案必须经项目生态学家、环保监管部门的生物学家或其他适宜的人员批准

注:*以下为对超出表6-6内容的说明:

专门的野生生物通道不供机动车辆使用。在生态学家认可的情况下,也可作为非机动通道。下面条件下不进行分数奖励:

(1)对于将既有生态连接方案保持或修复的项目,仅符合过时或现有标准(即日常排水涵洞养护不合格)。

(2)业已存在的生态连接设施:所有新设施或升级设施必须作为项目的一部分来完成。

(3)增加野生生物连接设施的项目,但这些设施明显在项目范围之外。

(4)项目位于存在系统缺陷的生态网络。但有表明业主采取计划改善该生态网络,且该计划适用于本项目。对于这样的情况可进行分数奖励。

6.2.7.3 得分证明

(1)项目生态研究文件。含生态连接内容的政府许可文件。

(2)野生生物跨线通道改进的合同文件。

(3)项目开发过程中减少生态影响的技术报告。

6.2.8 现场植被(4分)

6.2.8.1 指标含义

现场植被即道路项目以及道路建设被扰动区域内的植被,包括但不局限于路侧植被、装饰性植被以及雨水管理设施(如生态湿地)的植被。

本指标旨在促进可持续的现场植被,不需要长期灌溉、修剪一致,或去除入侵性/有害的杂草物种,减少养护成本,保护生态系统。

6.2.8.2 得分要求

得分前提:现场所有植被只能采用非入侵性物种、无害物种,使用的草种长成后不需要修剪一致,应减少对当地物种的扰动。

1~4分——根据表6-7进行评分,累计得分,但最高分不超过4分。

现场植被得分点 表6-7

得分	功　能	最低要求
1	不用机械养护	不使用割草机或其他机械方式养护
1	不用长期灌溉	植被形成期之后不需要用水养护
1	使用灰水或中水灌溉——植被形成期	如果需要,在植被形成期使用灰水灌溉
1	使用灰水或中水灌溉——正在进行	如果需要,在植被形成期之外使用灰水灌溉
1	本地物种	(1)只使用当地物种; (2)尽可能抢救稀有植物,保持已有植被; (3)除去所有现有侵入性植物物种,或不可能根除的情况下,执行相关管理计划
1	长期植被规划	在项目走廊执行植被养护管理计划,包括现场植被管理和侵入性植被管理

6.2.8.3 得分证明

(1)表明植物物种类型、数量和位置的植被或景观计划,应在项目常规计划中得到体现。

(2)与现场植被相关的规范或技术文件。

(3)植物物种选择所使用的政策或流程的复印件或参考文件。

(4)相关机构或权威部门批准的设计研究报告,包括已有现场植被、影响、再利用的分析,也包括评价侵入性物种、无害植物以及计划种植的植物物种的参考文献。

6.2.9 水汇集与排放(5 分)

6.2.9.1 指标含义

改善水质,控制径流减轻对受纳水体和相关水资源的侵蚀,采用管理方法和措施减轻项目实施的影响。

6.2.9.2 得分要求

为了计算本项总得分,根据水质、径流控制和低冲击开发三个方面分别打分,然后累计得分。

(1)0~1.5 分——水质。要求至少处理 80% 年总径流量中的污染物。根据表 6-8 中处理径流数量、处理的目标污染物类型以及目标不透水表面面积确定得分。对于翻修项目,采用表 6-9 确定表 6-8 中第 3 列中目标不透水表面面积的等效值。

水质——重建道路 表 6-8

处理的径流数量(% 年度数量)	目标污染物	处理的目标不透水表面积(% 增加表面积)①	得　分
80% ~89%	沉积物	101% ~125%	0
		>125%	0.5
	沉积物,金属和其他②	101% ~125%	0.5
		>125%	1.0
≥90%	沉积物	101% ~125%	0.5
		>125%	1.0
	沉积物,金属和其他②	101% ~125%	1.0
		>125%	1.5

注:第三列——对于翻修项目,采用表 6-9 中的等效百分比。

①% 增加表面积 = 处治不透水表面积/增加的不透水表面积。

②其他流域特征污染物。

翻修项目——计算等效目标不透水表面积 表 6-9

(1)	(2)	(3)
现有不透水面积(亩)	% 处治的现有不透水面积	等效(% 增加表面积)
0 ~ 5.0	0 ~ 50%	101% ~ 125%
	50% ~ 100%	> 125%
5.0 ~ 25.0	0 ~ 40%	101% ~ 125%
	40.1% ~ 100%	> 125%
25.0 ~ 50.0	0 ~ 30%	101% ~ 125%
	30% ~ 100%	> 125%
> 50.0	0 ~ 20%	101% ~ 125%
	20% ~ 100%	> 125%

注:第三列采用表 6-8 中第三列和表 6-12 中的第二列。

(2)0 ~ 1.5 分——径流控制需要管理总净流量的 80%,且应基于项目现场峰值流量控制或持续时间。根据表 6-10 中处理的径流数量、处治内容和目标不透水表面积计算流量控制的得分。对于翻修项目,根据表 6-9 计算表 6-10 第三列中目标不透水表面积的等效值。

流 量 控 制 表 6-10

处理的径流数量(% 年度数量)	径流控制标准	目标不透水表面积	得 分
80% ~ 89%	峰值速率	101% ~ 125%	0
		> 125%	0.5
	径流持续时间	101% ~ 125%	0.5
		> 125%	1.0
≥90%	峰值速率	101% ~ 125%	0.5
		> 125%	1.0
	径流持续时间	101% ~ 125%	1.0
		> 125%	1.5

注:第三列——对于翻修项目,采用表 6-9 中的等效百分比。

(3)0 ~ 2 分——有效最佳管理措施(BMP)。低冲击开发(LID)需要采用有效最佳管理措施或模拟自然水文的雨水管理技术处治污染物。表 6-11 列出了能有效处理特定目标污染物的最佳管理措施。如果项目使用一种措施,继续到表 6-12 计算得分。对于翻修项目,首先使用表 6-9 计算目标不透水表面积的等效值,用于表 6-12 中的第二列。

有效 BMP、渗透/水体减少 表 6-11

目标污染物	BMP					
	滞留池	湿塘	湿地	植物过滤带	过滤池	渗透/低冲击开发[①]
悬浮固体	X[③]	X	X	X	X	X
总铜	X			X		X
溶解铜		X		X		X
总铅		X		X	X	X
溶解铅		X				X
总锌		X	X		X	X
溶解锌				X		X
总磷[②]		X	X	—		X

注:①采用池塘、低冲击开发技术,或综合使用这些技术100%过滤雨水。

②磷或其他流域特征污染物。

③X 表示根据目标污染物类型可采取的措施。

有效 BMP、渗透/水体减少 表 6-12

(1)	(2)	(3)	(4)
使用了有效 BMP/渗透/低冲击开发技术?	目标不透水表面积(%增加的面积)	野外项目得分	城市项目得分
是	101%~125%	0.5	1.0
	≥125%	1.0	2.0

注:列(1)——见表6-11的有效BMP/渗透/低冲击开发技术。

列(2)——对于翻修项目,见表6-9的等效百分比。

列(3)——项目位置在发展区域或较高人口密度区域外。

列(4)——项目位置在发展区域或较高人口密度区域内。

6.2.9.3 得分证明

(1)项目排水设计报告以及相关计算和研究。

(2)项目合同文件。

6.2.10 货运管理(3分)

6.2.10.1 指标含义

提高货运的机动性,减少油耗和排放,减少货运噪声。

6.2.10.2 得分要求

为了满足本项要求,安装的设施应充分考虑实现货运机动性的需要、目的和适应性。

1~3 分——根据表 6-13 进行打分，累计得分，但总分不超过 3 分。

分数和要求 表 6-13

分数	特　点	建议性要求
1	反怠速政策和标识	实施的数量和项目环境匹配
1	建设新休息区或休息站，或扩大现有休息区或休息站	(1)在休息区或距离休息区合理距离提供大量新的货车停车点； (2)在休息区附近的区域应有拓宽路肩，以及/或道路之外可供拖车使用的非指定停车区
1	针对货运的安全改善措施(如安全标识、山区的速度警告系统、其他智能交通系统)	(1)实施的数量和项目环境匹配； (2)满足道路几何设计要求，使得货运车辆的高度、重量或转弯半径不受限制
1	与货车安全、机动性以及减少货运噪声相关的道路坡度、线形或其他设计调整	(1)实施的相应技术与项目环境匹配； (2)包括改善铁路立交桥的净空，以提高货运机动性
1	建造新的货车运输停车区或将现有某些停车区作为货车运输专用停车区	(1)限速 50km/h 或更低； (2)能容纳 12m 长的货车； (3)项目现场可达； (4)有项目预算支持； (5)合适的标识(类型和数量)
1	自动动态称重站	项目现场可达，或接近道路
1	虚拟动态称重站	(1)项目现场可达； (2)接近道路
1	建设新的电气化休息站或将现有休息站电气化	(1)每站至少 5 个电源插座； (2)项目现场可达(即，在公路出口)； (3)接近道路
1	建设新的货车专用道，或将现有混合车道改为货车专用道	(1)货车交通密度至少占 10%； (2)每小时每车道最少为 1 300 辆货车

6.2.10.3　分证明

(1)项目货运的目的和需求。

(2)对提议的货运升级或设施安装(如果有)的公共投入结果。

(3)与货运设施相关的合同文件。

6.2.11　智能交通系统(6 分)

6.2.11.1　指标含义

智能交通系统在不增加基础设施通行能力的情况下提高运输系统的效率，节能减排,改善经济和社会需求。

6.2.11.2 得分要求

1～6分——根据应用的ITS种类多少奖励分数(表6-14),每个种类采用多种应用技术不会得到更多分数。多种种类的得分进行累计,但总分不超过6分。

表6-14

分数	种　类	认可的应用技术(至少1项)
1	电子支付/收费	收费站
1	应急管理	紧急车辆信号优先
1	强制执行	超速控制; 交通信号控制; 匝道信号控制
1	信息发布	动态信息标识(DMS); 公路咨询广播; 动态停车
1	信息管理	数据归档
1	ITS基础设施中枢	方便未来ITS扩容用的空管道、牵引箱和牵引索
1	车道管理	可逆的流动车道; 定价; 车道控制; 可变限速
1	匝道控制	匝道信号控制
1	响应和处理	定期冬季养护; 机动冬季养护
1	道路天气管理	路面条件; 气候条件; 水位; 高级决策支持系统
1	监视	视频流
1	交通控制	自适应信号控制; 高级信号系统; 特殊事件; 车辆限制
1	交通事故管理	电话亭; 服务队; 绕行路线

续上表

分数	种　类	认可的应用技术（至少1项）
1	出行者信息	互联网/无线/短信
1	警告系统	公路铁路跨越警告系统； 交叉口碰撞警告； 动物警告； 危险系统

6.2.11.3　得分证明

(1)ITS 应用技术和相应种类。

(2)ITS 应用技术实施的合同文件。

(3)实施技术或设施的照片或文件。

6.2.12　节能照明系统(6 分)

6.2.12.1　指标含义

通过安装高效设备,使用可再生能源,减少照明系统的能耗。

6.2.12.2　得分要求

(1)1 分——评价项目能源需求,在符合照明和安全标准的情况下减少能耗。设计方案包括减少照明;改造或安装节能照明灯具和交通信号设备;使用可再生能源。

(2)1 ~ 4 分——通过使用节能灯具和交通信号设备(如 LED 照明、感应照明,或其他新技术),以及使用现场的可再生能源(如太阳能电池板),减少项目能耗。所有的照明设施和系统应适合该项目。这也意味着在不含步行通道的项目安装行人安全照明系统将不会给予分数。与之相似,新建或改建的行车道和停车场的照明将得到分数,只要在项目范围内,且符合预算即可。

根据节能量进行评分。为了确定节能量,将基准条件下的年度能耗与采用节能电力系统的年度能耗进行比较,能耗计算假设如下:

①基准条件下的能耗计算采用既有电力系统,假设改进技术措施是采用使用灯丝断流技术的高压钠灯照明系统。

②基准条件下照明系统的运营时间是每天 12h,每周 7 天。

③两种设计都满足相同的照明标准。

④能耗使用的功率应使用光源的输入功率而不是灯具功率。

⑤节能计算考虑可再生能源的贡献。

⑥不包括日光传感器和液位传感器的节能。

根据图 6-1 计算得分。

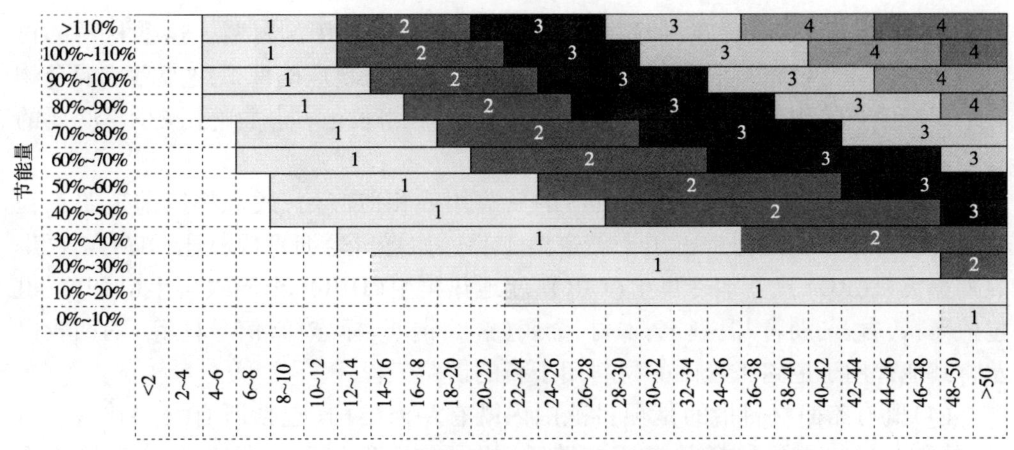

图 6-1　评分方法

(3)1 分——项目完工后,在养护和运营期间建立用能统计计划。

6.2.12.3　得分证明

(1)用能评价和节能计划的文本。

(2)用能节能计算文本。

(3)安装照明灯具的合同文本以及灯具照片。

(4)项目实施的照明技术的照明以及技术规格。

(5)完工后用能统计计划的文本。

6.2.13　材料减量化和再利用(5 分)

6.2.13.1　指标含义

本指标主要强调材料的减量使用和重新利用,减少原材料获取和加工的环境影响。

6.2.13.2　得分要求

废弃物利用采用的是 3R 原则:减量化、再利用和再循环。关于材料再循环的内容将在 6.2.14 节中详细说明。

(1)减量化是指减少对路面和结构物对原材料的需求。比如,采用土壤稳定方法减少结构物回填量或减少新建路面或加铺层的厚度;采用路面预防性养护技术延长既有路面的寿命,减少原材料的需求;采用桥梁预防性养护技术延长既有桥梁的寿命,减少新结构和材料的需求;翻修既有桥梁,减少新结构和材料的需求;或将旧路面结构转化为新路面结构(如打裂稳定碎石化技术),减少原材料的需求,同时避免路面铣刨材料的运输。

(2)再利用是指在交通运输领域重新利用工业副产品。比如,粉煤灰、飞灰、铸造砂、矿渣、沥青瓦、建筑拆除物或其他可在项目中利用的材料。这些材料的再利用可以代替传统材料取得相似的性能。使用这些材料应确保最终产品或混合物的工程特性与使用传统材料相当或更好，并凸显经济价值，同时由于减少不必要的占地而有明显的环境效益。

(3)再循环是指旧材料在项目中的新应用或相似应用，或者将以前道路工程使用过的材料重新处理后再用于新道路工程。如将再生沥青混凝土(RAP)、再生混凝土集料(RCA)、就地冷再生(CIR)、就地热再生(HIR)、全厚式再生(FDR)，也包括集料、岩石、沥青、混凝土、木材、金属(螺纹钢筋、标志杆、信号杆等)的回收以及将其他曾用于道路工程中的材料用于新的道路工程。

(4)既有路面材料指的是项目范围内既有路面结构(包括所有表层和基层材料)的所有材料。即包括行车道和路肩，以及与人行道和自行车道分离的路面结构。

(5)既有结构材料指的是项目范围内既有非路面结构的材料，如桥梁(包括天桥)、挡土墙、雨水设施(拱顶、管道和涵洞)。所有既有结构材料包括其基础，其体积可能难以估算。实际重量未知时可适当进行估算，也可估算其体积。为了计算空心结构物(如预制构件或波纹钢)的体积，可估算其质量，调整材料密度，确定体积。注意，对于典型的钢筋混凝土截面，为了计算体积，钢筋不需要从组合截面中分离，可以使用组合密度。

得分要求：不同方法的得分可以累计，但总分不超过5分。

(1)1～3分——路面预防性养护

路面预防性养护活动包括封缝、碎石封层、稀浆封层或薄层罩面等，用以延长路面的剩余寿命。路面大中修或重建不在本项范围之内。路面预防性养护评分标准见表6-15。

路面预防性养护评分标准 表6-15

得　分	路面剩余寿命的增加*	得　分	路面剩余寿命的增加*
1	1～2年	3.5	5～7年
2	2～5年	4	7～10年

注：*超过10年被认为是大中修，不在本项范围内。

(2)1～2分——减少路面材料使用

将既有路面结构纳入新路面结构(如混凝土板破碎技术，包括打裂、稳定、碎石化)。根据表6-16中路面处理面积百分比大小进行评分。

(3)1～2分——桥梁预防性养护

桥梁预防性养护包括桥面板加铺层、封缝、接缝封缝、清除车道碎渣、支座润滑、阴极保护、电化学除氯和清洁以及喷漆等，用以延长桥梁的剩余服务寿命。桥梁的大中修或重建不在本项范围之内。

减少路面材料使用评分 表 6-16

得 分	路面处理面积百分比	得 分	路面处理面积百分比
1	50% ~74%	3	100%
2.5	75% ~99%		

(4)1 ~2 分——桥梁翻修

既有桥梁结构翻修可以减少新建结构以及材料的使用，方法包括改善或新增不锈钢钢丝网复合材料、全厚式钢套、弹性体支座、钢制控制电缆、剪力键、纤维增强聚合物、形状记忆合金装置、金属和黏弹性阻尼器或管座填充剂。根据表 6-17 中桥梁剩余寿命增加的多少分别赋予 1 ~2 分。

桥梁预防性养护评分标准 表 6-17

得 分	桥梁剩余寿命的增加	得 分	桥梁剩余寿命的增加
1	2 ~5 年	3	7 ~10 年
2.5	5 ~7 年		

(5)1 ~2 分——改变路面或结构物的用途

改变既有路面、结构物或结构物元件的用途，但其承担的荷载水平与原来相同或更小，这样就不必采用新材料。当提出新的路线改变既有路面的用途，可以将旧路面作为辅路或作为其他用途。另外一个改变既有路面用途的方法是将停车场转为行车道(反之亦然)或将路面转化为多用途道路或广场。根据表 6-18 中既有路面改变用途面积的比例作为评分依据。

既有路面改变用途评分标准 表 6-18

得分	既有路面改变用途的面积比例	得分	既有路面改变用途的面积比例
1	25% ~49%	2	75%或更多
1.5	50% ~74%		

(6)1 ~2 分——重新利用工业副产品

①2 分——重新利用工业副产品作为路面材料、辅助结构或用于道路其他部分。这些副产品包括：粉煤灰、飞灰、铸造砂、矿渣、轮胎、沥青瓦、建筑和拆除材料。

②1 分——采用铸造砂或其他副产品作为管道基床和回填土。

6.2.13.3 得分证明

(1)路面或桥梁采用预防性养护技术后剩余寿命增加数量的计算书。

(2)路面处治面积比例的计算书，包括路面处治面积以及既有路面养护和翻修的面积。

(3)批准的路面材料配合比设计。

6.2.14 材料循环使用(6 分)

6.2.14.1 指标含义

本指标主要强调通过循环利用材料,减少原材料获取和加工的环境影响。

6.2.14.2 得分要求

不同方法的得分可以累计,但总分不超过 6 分。

(1)1 ~4 分——再生沥青路面(RAP)或再生混凝土集料(RCA)

在新路面层或粒料层或路基使用 RAP 或 RCA。再生材料可来源于本项目或其他项目,但将本项目铣刨而得的材料用于其他项目则不得分。

根据平均再生利用率(ARC)的大小计算得分,计算公式如下,计算得分见表 6-19。

$$\text{ARC}(\%)=\frac{\sum r_n}{\sum W_n}\times 100\%$$

式中:r_n——RAP 或 RCA 的总重或总体积;

W_n——按照再生方法,既有路面面层材料或垫层材料、回填材料以及粒料路基材料的总重或总体积;

n——代表材料使用的种类数。

根据平均再生利用率(ARC)计算得分 表 6-19

再生方法	得分				
	1	2	3	3.5	4
再生路面的平均再生利用率(ARC)	10%	20%	30%	40%	50%或更多
粒料基层或路基中的平均再生利用率(ARC)	20%	30%	40%	50%	60%或更多

(2)1 ~5 分——就地路面再生

就地路面再生包括就地冷再生(CIR)、就地热再生(HIR)和全厚式再生(FDR)。根据再生路面面积占既有路面材料面积的百分比计算得分,见表 6-20。

就地路面再生得分 表 6-20

再生面积比	再生方法		
	HIR	CIR	FDR
50% ~74%	1	2	3
75% ~99%	2	3	4
100%	3	4	5

(3)1 分——小型结构件回收

重新安装和重新利用至少 90% 的小型结构件,包括既有灯具、信号杆和标志牌,但不包括标志牌的标志。

欲得分,必须移除小构件并在现场重新使用。构件按照基础数量计数,而不考虑基础的结构大小。这种情况下,将信号杆视为一个单一结构,而将架空标志结构视为两件,因为其有两个基础。

6.2.14.3　得分证明

(1)路面以及结构材料再生比例的计算书。

(2)路面现场再生利用面积比例的计算书。

(3)照明灯具、信号杆以及标志结构再利用比例计算书。

6.2.15　长寿命路面设计(8 分)

6.2.15.1　指标含义

设计长寿命路面结构,减少寿命周期内的费用。

6.2.15.2　得分要求

长寿命路面定义的标准如下:

(1)新建工程以及既有道路或桥梁增加车道的大修工程,其服务寿命超过 40 年。没有扩大通行能力的经过小修的道路以及桥梁项目,预防性养护项目以及功能恢复项目,其服务寿命超过 20 年。

(2)没有呈现施工和材料相关的早期病害的路面。

(3)未来裂缝、错台和坑洞产生率将很小的路面。

(4)路面保持良好的行驶特性和表面纹理特性,有极少的干涉活动(如为保证行驶特性、表面纹理特性而进行的接缝封缝以及小修补)。

本项内容不适合面层不是热拌沥青混凝土或水泥路面的道路,如砂砾路面、土路或沥青表处路面。部分保留的既有路面也适合本标准。因此,评分应根据最终的路面结构,包括保留的既有路面和增加的新路面结构。同理,经过金刚石铣刨的既有水泥路面或沥青路面加铺层也在本项范围之内,只要最终的路面满足上述要求即可。

8 分——同时满足以下两项要求。

要求 1:全部新建或重建路面行车道面积的 75% 或以上满足长寿命路面设计标准,不包括路肩、中央分隔带、人行道以及其他铺面区域。

要求 2:路面设计过程符合业主认定的程序。

6.2.15.3　得分证明

(1)满足长寿命路面设计标准的行车道的路面面积比例计算书。

(2)项目业主对于项目设计过程的一系列认可文件。

(3)表明路面服务寿命超过20年或40年的文本。

6.2.16 路面材料的节能减排(6分)

6.2.16.1 指标含义

本指标旨在减少路面材料生产时的能耗。

6.2.16.2 得分要求

6分——至少50%的路面材料(沥青混合料和水泥混凝土)采用低耗能材料。低耗能材料定义如下。

(1)沥青混合料生产。只要符合下列一项要求即可:

①1A。采用温拌沥青混合料,拌和温度至少降低25℃。

②1B。沥青拌和楼使用天然气作为燃料或其他节能减排技术。

(2)水泥混凝土生产。只要符合下列一项要求即可:

①3A。水泥混凝土搅拌站能耗和排放比平均水平至少降低15%。

②3B。水泥混凝土搅拌站通过了绿色生产达标考核。

③3C。使用拥有绿色标志认证证书的水泥企业的产品。

6.2.16.3 得分证明

(1)有计算书表明至少50%的路面材料符合上述(1)、(2)要求。

(2)符合上述(1)、(2)要求的沥青混合料或水泥混凝土的配合比设计。

(3)证明沥青拌和楼、水泥混凝土搅拌站或水泥生产厂符合以上要求的文件。

6.2.17 历史、考古和文化保护(3分)

6.2.17.1 指标含义

保护或改善文化和历史资产,在项目范围内反映历史、考古或文化的内在品质。

6.2.17.2 得分要求

3分——本指标适合经过历史、文化名胜或有考古价值区域的项目。根据表6-21进行评分,不累计得分,取最高分数作为得分。

6.2.17.3 得分证明

(1)项目区域内相关历史、文化和考古资源的证明。

(2)相关组织的证明,表明所代表的利益群体。

(3)为减少不利影响所采取相应措施和政策的证明。

(4)为避免产生影响或改善功能而采取相应措施的证明。

评 分 方 法 表 6-21

分数	方 法
1	减少影响。采取措施减少项目建设的负面影响
2	避免影响。采取针对性措施使项目建设不影响历史、文化名胜或有考古价值的区域
3	改善功能。采取措施保护、保存或改善历史、文化和考古资源。包括安装宣传或说明性的设施，如观景台、亭、标志牌或其他详细说明历史、考古、文化意义的设置

6.2.18 风景、自然和休闲品质(3 分)

6.2.18.1 指标含义

保护或提高重要的风景、自然或休闲品质,以提高公路用户的舒适性。

6.2.18.2 得分要求

3 分——本指标适合经过著名的风景、自然或休闲区的项目。根据表 6-22 进行评分,不累计得分,取最高分数作为得分。

评 分 方 法 表 6-22

分数	方 法
1	减少影响。采取措施减少项目建设的负面影响
1	提供通道。提供至少一个从项目到指定区域的车辆通道。指定区域可为观景点、瞭望台、欢迎中心、游客活动中心、信息中心或休闲区域
2	避免影响。采取针对性措施使项目建设不影响风景、自然或休闲区
3	改善功能。采取措施保护、保存或改善沿线风景、自然或休闲区。包括改善既有通道、标志、标识、观景台。也包括拆除不合适的通道

6.2.18.3 得分证明

(1)表明通道建设与风景、自然和休闲品质相关的证明。

(2)路侧通道建设或其他保护或改善措施执行的合同文件。

(3)为减少不利影响而采取相应措施的说明。

(4)为避免产生影响或改善功能而采取相应措施的说明。

6.2.19 宣传教育(2 分)

6.2.19.1 指标含义

加强公众和业主对道路规划、设计和施工过程中可持续性原则的认识。

6.2.19.2 得分要求

通过宣传教育促进公众了解可持续性发展相关的社会、环境、经济原则,告诉他们这些原则如何在道路规划、设计和施工、运营阶段得到体现。可能的情况下让公众参与这些过程。

2分——至少进行表6-23中2项内容的宣传教育。

宣传教育内容　　表6-23

宣传教育内容	推荐要求
包括项目实施过程的可持续性	具体包括项目实施过程中可持续性方面的考虑,即通过有效决策和周到设计实现运输要求和社会价值的协调
包括公众参与方面的可持续性	具体包括公众参与过程中的可持续性理念教育和推广
设置宣传点	在路边设置宣传栏或显示屏,宣传项目可持续性方面的特色
项目网站	有项目网站,公众可以登录对项目建设进行反馈和评论
利益相关者指南	包括可持续性理念如何通过指南、规范或政策在项目实施过程中得到体现
在学校介绍	在小学和中学介绍项目在可持续性方面的特色
专业介绍	从专业技术方面介绍项目在可持续性方面的特色

6.2.19.3　得分证明

(1)公众参与和教育材料,含可持续性方面的内容。

(2)宣传栏上面的文本内容或复印件或显示屏照片。

(3)项目网址或截屏。

(4)相关指南、规范或政策。

(5)学校介绍或专业介绍以及相应日期的复印件。

6.3　施工评价指标

6.3.1　承包商的缺陷责任期(11分)

6.3.1.1　指标含义

本指标旨在延长公路工程主体结构承包商缺陷责任期,提高工程质量,减少寿命周期成本和原材料使用。

6.3.1.2　得分要求

项目施工合同应包括公路工程主体结构的缺陷责任期。得分主要基于缺陷责任期的长短。

(1)4分——法定缺陷责任期延长1年。

(2)11分——法定缺陷责任期延长3年。

缺陷责任期条款应由业主确定,如果需要的话,也可以输入承包商的要求。至少应包括以下内容:

(1)缺陷责任期；

(2)业主责任；

(3)承包商责任；

(4)养护责任；

(5)争议解决流程；

(6)承包商质量控制计划；

(7)测试方法；

(8)基于性能的要求以及相关的限值；

(9)补救方案的要求；

(10)可选或预防性方案的要求；

(11)支付基础；

(12)最终认可。

本项标准的目的是在承包合同中延长1~3年的公路工程主体结构缺陷责任期。缺陷责任期间应足以暴露因施工质量较差引起的公路工程主体结构性能问题,但也不能时间太长,使承包商承担较多的风险。

6.3.1.3　得分证明

包括承包商缺陷责任期的合同文件。

6.3.2　施工机械减排(9分)

6.3.2.1　指标含义

本指标旨在减少非道路施工机械的排放,减少对空气质量的影响,减少油耗。

6.3.2.2　得分要求

3~9分——选择一种或多种方法减少非道路施工机械排放,见表6-24。得分可累计,但总分不超过9分。

非道路施工机械排放的得分和方法　　表6-24

得分	方　法
3	满足《非道路移动机械用柴油机排气污染物排放限值及测量方法(中国第三、四阶段)》(GB 20891—2014)排放标准的非道路施工机械的工作时间占总有效工作时间的50%及以上。满足该标准的摊铺机摊铺70%及以上的热拌沥青混合料(HMA)
3	业主应要求承包商在施工期间执行反怠速行动,至少应包括以下内容: (1)当驾驶员到达停车区接送乘客时,应尽快熄火消除怠速时间,降低有害气体排放。直到乘客离开才重新启动。影响乘客安全的条件下除外,如极端气象条件下或行驶中的怠速。 (2)交货车辆到达现场后应将车辆熄火。 (3)应将反怠速要求的通知发放到所有驾驶员手中

续上表

得分	方　法
3	承包商使用较大的非道路运输车辆进行土石方运输工作来减少排放
6	满足《非道路移动机械用柴油机排气污染物排放限值及测量方法(中国第三、四阶段)》(GB 20891—2014)排放标准的非道路施工机械的工作时间占总有效工作时间的75%及以上。满足该标准的摊铺机摊铺80%及以上的热拌沥青混合料(HMA)

6.3.2.3 得分证明

(1)主承包商签名的证明。表明该项目非道路施工机械的总工作时间以及满足相关标准的非道路施工机械的总工作时间。

(2)项目中投入的非道路施工机械的清单。应包含以下信息:

①每种机械的制造商和型号;

②每种机械在本项目的工作时间。

(3)要求承包商执行反怠速要求的合同文件。

6.3.3 施工减噪(8分)

6.3.3.1 指标含义

本指标旨在减少施工噪声对附近居民生活和健康的影响。

6.3.3.2 得分要求

要求承包商制订施工减噪计划并检测噪声,应满足相关法律法规的标准。

(1)4分。业主要求承包商建立、执行一份施工期间正式的减噪计划。合同文件应包括对减噪计划的要求。该计划至少包括以下内容:

①减噪的负责方、联系信息、责任、资格。

②项目地址,与噪声源最近居民点的距离。包括周边区域情况以及其他信息(如商业、居住、医院、学校、公园、敏感型栖息地)。

③施工活动清单(如拆除、挖掘、铺面、桥梁地基、完工)。

④施工活动的日期和每天作业时间范围。

⑤上述施工活动清单中每项施工活动产生噪声的机械。

⑥上述施工活动清单中每项施工活动控制噪声的设备,包括保护现场人员安全的设备。

⑦业主或当地政府关于施工噪声允许值的要求。

⑧噪声检测标准、方法和可接受水平的说明。

⑨不满足噪声水平的纠正措施的说明。

⑩公众投诉或反馈机制的说明。

⑪负责方的签字。

(2)4 分。要求承包商检测噪声以及减噪措施的有效性，保证符合减噪计划。

6.3.3.3　得分证明

(1)要求承包商制订施工期间减噪计划以及/或噪声检测的合同文件。

(2)减噪计划。

(3)噪声允许值，业主或当地政府关于施工噪声限制的要求。

6.3.4　施工质量控制(13 分)

6.3.4.1　指标含义

本指标旨在要求承包商制订正式质量控制计划来改善质量。

6.3.4.2　得分要求

(1)7 分。要求承包商制订施工质量控制计划并执行。合同文件应包括施工质量控制计划，该计划至少包括以下信息：

①质量控制关键人员、责任和资格(简历、证明等)。

②项目地址，路面和主要土石方作业地址。

③施工质量控制程序至少包括：

a. 监测项目(包括混合料设计等)；

b. 所需提交文件，大致日期，责任人，提交过程；

c. 需要进行的测试(测试标准和频率)；

d. 何时需要采取纠正措施；

e. 执行纠正措施的程序；

f. 质量控制计划不完善时的改进程序；

g. 关键监测点通知计划，如混凝土运输前 48h、沥青路面铺筑前 48h。

④质量控制计划应覆盖所有的项目施工，不仅仅是路面。

⑤分包商也需要包括在该计划中。主承包商应行使对所有分包商工作的质量控制权。

⑥施工开始前，质量控制计划应得到业主的批准。

(2)6 分。根据施工性能设立单价调整条款，并与支付联系起来。

6.3.4.3　得分证明

(1)要求承包商制订施工质量控制计划并执行合同文本。

(2)要求根据施工性能进行施工质量单价调整的合同文本。

6.3.5　施工现场水土流失和沉积物控制(15 分)

6.3.5.1　指标含义

本指标旨在控制水土流失，减少对水、土地的负面影响。

6.3.5.2　得分要求

(1)5 分。要求承包商制订并执行施工现场水土流失和沉积物控制计划。该计划应包括但不局限于以下内容:

①负责人员、责任和资格(简历、证明等)。

②渗水池、沉淀池、洗车台、临时绿化、临时沟渠、临时覆盖、围墙(防护栏)、路面稳定区域的设计布置图。

③上述设施的施工、验收进度安排。

④施工开始前,现场水土流失和沉积物控制计划应得到业主的批准。

(2)10 分。采取现场场地维护措施,水土流失和沉积物得到有效控制。这些维护措施应包括但不局限于以下内容:

①每周定期对水土侵蚀和沉积物控制设施进行检查,每次雨后立即对水土侵蚀和沉积物控制设施进行检查,对受损地方及时修复,从而保证对水土侵蚀和沉积物的控制。

②当沉积物达容量的 50% 时,清理沉积物。当沉淀池排水不畅时,清理或替换砂砾。

③当渗水池排水不畅时,清理并替换砂砾。

④对种植区施肥,当有必要时重新播种,并根据植物生长要求覆盖树根,维持植物茂盛生长。

6.3.5.3　得分证明

(1)要求承包商制订并执行施工现场水土流失和沉积物控制计划的合同文本。

(2)现场水土流失和沉积物控制计划实施证明以及维护证明,如设计图纸、实物图片、维护记录等。

6.3.6　施工现场油品、燃料和水控制(11 分)

6.3.6.1　指标含义

本指标旨在控制施工现场油品、燃料和水的有效合理使用,减少油品、燃料和水的使用,保护环境。

6.3.6.2　得分要求

(1)4 分。要求承包商制订并执行施工现场油品、燃料和水控制计划。该计划应包括但不局限于以下内容:

①负责人员、责任和资格(简历、证明等)。

②施工所需要的油品、燃料类型以及日常储量和所处位置。

③详细编制油品、燃料、水的使用方案以及泄漏和溢出防治措施。如车辆清洗过程符合沉积物控制要求;车辆清洗或养护尽量减少使用溶剂;车辆离开场地时最

好进行清洗;仅在必要的时候进行现场加油;车辆和设备定期检查泄漏,设备应有防污应急箱;仅在必要时现场对车辆和设备进行维修,现场对车辆和设备进行维修时应在一个受保护的维修区域,并配备滴油盘、吸水垫、塑料布;避免油、燃料、润滑剂以及其他材料的泄漏,用过的油、燃料、润滑剂和其他材料回收或处置得当;合理设计和保存二次控制容器;控制使用生产用水和生活用水,防治水污染等。

④施工开始前,施工现场油、燃料和水控制计划应得到业主的批准。

(2)7 分。要求承包商检查施工现场油、燃料和水控制计划实施的有效性,保证符合既定目标。

6.3.6.3 得分证明

(1)要求承包商制订并执行施工现场油品、燃料和水控制计划的合同文本。

(2)油品、燃料、水的使用方案。

(3)油品、燃料泄漏和溢出防治措施或装置的证明。

(4)节水措施及装置的证明。

(5)雨水污染水平检测证明。

6.3.7 施工现场空气质量控制(10 分)

6.3.7.1 指标含义

本指标旨在控制施工现场的扬尘/排放和不良气味。

6.3.7.2 得分要求

(1)3 分。要求承包商制订并执行施工现场空气质量控制计划。该计划应包括但不局限于以下内容:

①负责人员、责任和资格(简历、证明等)。

②大气污染控制措施。如反怠速,柴油设备电气化,使用混合动力车辆,使用清洁燃料,涂料使用低挥发性有机化合物等。

③扬尘控制管理方案。如厂区地面硬化,车辆限速,施工材料运输严禁随意凌空抛散,减少材料挖掘或转运时的自由下落高度,施工垃圾、渣土应及时清运处理,并适量洒水等。

④施工开始前,施工现场空气质量控制计划应得到业主的批准。

(2)7 分。要求承包商检查施工现场空气质量控制的有效性,保证符合既定目标,确保现场目测无扬尘、空气中无异味。

6.3.7.3 得分证明

(1)要求承包商制订并执行施工现场空气质量控制计划的合同文本。

(2)施工现场空气质量控制计划。

(3)施工现场空气质量控制效果证明。

6.3.8 施工废弃物管理(15 分)

6.3.8.1 指标含义

本指标旨在管理施工废弃物,减少掩埋的废弃物数量,鼓励循环利用和再利用施工材料,减少原材料消耗。

6.3.8.2 得分要求

(1)5 分。业主要求承包商制订并执行施工和拆除废弃物管理计划。合同文件应包括施工和拆除废弃物管理计划。该计划至少包括以下信息:

①施工及拆除废弃物的类型。

②预计(或实际)数量。

③废弃物处理比例。

④运输责任方联系信息。

⑤废弃物弃置或处理位置(如再生设施、掩埋、承包商场地)。

⑥处理场所属的责任方联系信息。

⑦现场办公活动以及工作人员产生的废弃物管理。

⑧施工废弃材料的循环利用。

典型的施工和拆除废弃物包括但不局限于以下内容:

①铺筑过程产生的废弃物(如沥青混合料,水泥混凝土)。

②铣刨废弃物,混凝土面板碎屑,鹅卵石。

③金属(如废弃的钢筋、金属护栏、管、光源、标志、铝以及各种家用金属品)。

④塑料(如废弃塑料管)。

⑤挖出的土方和漂石。

⑥施工临时沉淀池挖出的沉积物。

⑦清表杂物或剩余的表土。

⑧危险性材料(包括液体)。

⑨木制和纸质品(如包装盒、复印纸、纸制品、纸板等)。

⑩玻璃。

⑪生活垃圾或堆肥。

⑫包装材料。

施工废弃物管理计划通常由主承包商制订,由业主批准,施工现场各方共同执行。

(2)5~10 分。业主证明被处理的上述施工废弃物材料占垃圾堆的比例(重量)。

①5 分。至少 50% 的废弃物被处理。

②10 分。至少 75% 的废弃物被处理。

6.3.8.3　得分证明

(1)要求承包商制订并执行施工废弃物管理计划的合同文件。

(2)表明施工废弃物处理的证明,包括废弃物类型、重量、目的地,以及处理百分比。

6.3.9　施工环保培训(8分)

6.3.9.1　指标含义

使施工人员了解项目建设过程中可能引发的环境问题和最佳施工方案,减少对人类和自然环境的影响。

6.3.9.2　得分要求

8分。业主要求承包商施工期间制订并执行环保培训计划,保证项目的实施符合环保法律法规和政策要求。

承包商应提供一个适合本项目的环保培训计划,包括:

(1)参加培训人员类型。参加人员应包括业主人员、承包商及分包商代表、监理人员。从经理、高级监理、驻地监理、设备或设施操作人员以及一般工人都应参加。

(2)培训的类型、目标。培训类型包括下面的一种或多种:特定主题的培训、特定主题的邮件、定期现场会议、常规议程的常设主题会议、课堂培训,其他。培训不必进行冗长的课堂培训,也不必仅仅针对环境问题。

(3)培训记录应包括日期、方式(如在线培训、课堂培训、现场培训)、主题、参加人员及培训时间。

(4)培训效果的评价,如自评、前测试、后测试、生产率测试等。

环保培训计划至少应考虑下列因素:

(1)项目相关的许可条件、性能标准、环保承诺、环保法规。

(2)环保问题的重要性。

(3)识别环保合规风险最大的作业活动。

(4)所需的环境/资格认证。

(5)环境记录管理。

(6)环保符合性检测和报告程序。

(7)环境应急通告和响应程序。

(8)燃油泄漏预防和应急响应程序。

(9)施工雨水管理、侵蚀和沉积物控制程序,水中工作。

(10)减少空气污染。

(11)已知或疑似污染的管理。

(12)危险材料管理。

有些环保培训按照法律法规要求必须进行,这些要求应纳入计划。计划应超出法律法规要求的范围,覆盖所有可能的环境问题。

6.3.9.3　得分证明

(1)要求进行环保培训的合同文本。

(2)承包商的环保培训计划。

6.4　运营养护评价指标

6.4.1　养护运营方可持续发展计划(9分)

6.4.1.1　指标含义

本指标旨在改进内部运营的可持续发展。运营可持续发展计划的实施包括合理利用自然资源,提供合理交通方案,对员工进行可持续性的培训。

6.4.1.2　得分要求

(1)1分——执行机构。运营方形成一个可持续发展机构,制订可持续发展计划,发布行政指令、规定或其他文件。

(2)3分——制订全面的可持续发展计划,这份计划应包括总体目标、评价参数和指标、实施路线和具体方案。示例见表6-25。

内部可持续发展计划组成部分　　表6-25

组　成	示　例
目标	减少运营部门的能耗和排放
评价参数	能耗
考核指标	未来2年内年均能耗降低20%
实施路线	(1)减少电耗; (2)减少汽油、柴油消耗; (3)减少天然气消耗
实施方案	(1)采用紧凑型荧光灯代替白炽灯; (2)采用节能型办公设备; (3)照明系统采用智能占用传感器

常用的评价参数包括:

①年度电、天然气、汽油、柴油消耗量。

②年度可再生能源消耗量。

③部门车辆燃油效率。

④年度固体废弃物产生量。

⑤年度循环使用率。

⑥年度纸张消耗量。

⑦年度水资源消耗量。

⑧雨水渗透率。

⑨含再生材料的材料占总体材料的比例。

⑩符合绿色建筑标准的建筑物比例。

(3)3 分——内部可持续发展计划的组成部分。

得分基于下面 3 项要求,累计得分:

①1 分——契合国家或省(自治区、直辖市)的可持续发展目标。

②1 分——执行计划包括责任方、时间进度和资金来源。

③1 分——监测和跟踪。包括评价参数体系、监测计划、计划更新时间表。

(4)1 分——员工参与和培训。

得分基于下面两项要求,累计得分:

①0.5 分——对员工进行可持续发展计划的培训。

②0.5 分——员工形成绿色行动小组,在部门内部开展绿色行动。

(5)1 分——可持续发展成果展示。

设定目标后监测发展情况至少 1 年,并量化展示改善情况。

6.4.1.3　得分证明

(1)全面的可持续发展计划(或相似文本)以及相关附件。

(2)计划执行进展报告。表明运营部门监测和跟踪计划执行情况,报告应包括评价参数和具体指标,比如人均能源消耗和水资源消耗减少量。

6.4.2　电能的效率和使用(7 分)

6.4.2.1　指标含义

本指标旨在减少能源消耗,转化可再生能源,减少石化燃料消耗和相关排放,减少长期能源成本。

6.4.2.2　得分要求

(1)2 分——设定能耗减少以及可再生能源使用目标

本项得分基于下面两项要求,累计得分:

①1 分。设定能耗减少目标(相比现在能耗使用的减少百分率)。

②1 分。设定可再生能源(绿色电力)的使用目标。如养护运营中以使用 20% 的可再生能源(绿色电力)作为目标。

(2)2 分——制订计划

制订一个计划,概括说明如何实现设定的能耗减少目标以及可再生能源使用目标。该计划也应阐明使用什么节能措施,可再生能源如何获取,如何用于养护和运营的设施。至少包括现有能源的使用和未来 2 年预计能源使用。已有的可再生能源也可计算在内。

评分如下:

①0 分——没有计划。

②1 分——计划只满足能耗减少或可再生能源使用目标。

③2 分——计划同时满足能耗减少和可再生能源使用目标。

(3)1 分——测试过程以及监测性能

安装并维持运营养护电能检测系统,跟踪所有公路设施的电能使用。检测系统数据库有助于监测发生的问题或发现效率低下的问题。

(4)1 分——员工培训计划

得分基于下面两项要求,累计得分:

①0.5 分。制订并执行员工培训计划,使他们了解目前公路设施的用能来源和成本,启发他们能为减少能耗做什么。

②0.5 分。创建和维护致力于减少能源消耗的员工节能委员会。这个委员会可以有别的功能,但必须把减少能耗作为他们的工作目标之一。

(5)1 分——成果呈现

得分基于下面两项要求,累计得分:

①0.5 分。执行一份为期至少 2 年的可再生能源合同,或运营使用可再生能源的设施。

②0.5 分。检测性能为期至少 1 年,呈现目标完成情况。

6.4.2.3 得分证明

(1)现有能源的使用效率和可再生能源使用计划,未来 2 年预计能源使用情况。

(2)电能监测系统证明。

(3)两年可再生能源使用目标以及绿色电力或等效能源使用合同文本。如果使用与绿色电力等效的能源,提供证明等效的文本。

(4)员工培训计划以及/或员工节能委员会。

(5)目标年前一年显示能耗减少成果的文本。

6.4.3 再利用和循环利用(9 分)

6.4.3.1 指标含义

本指标针对运营设施和养护活动,制订并执行再利用和循环利用计划,减少材料消耗,减少废弃物,节约成本。

6.4.3.2 得分要求

道路养护和运营期间的废弃物包括办公室废弃物和施工养护废弃物。办公室废弃物包括但不局限于:纸制品(如包装材料、复印纸、纸板)、玻璃、垃圾或堆肥。施工养护废弃物包括但不局限于:路面废弃物、金属(如护栏、管道、灯具、标志、铝以及其他金属)、多余的表土或移除的植被、危险材料和液体,或木材。

(1)3 分——设定再利用和循环利用的目标

设定养护运营材料再利用和循环利用的目标。得分要求如下:

①0 分。不设目标。

②1 分。为办公室废弃物或施工养护废弃物设定目标。

③3 分。为办公室废弃物和施工养护废弃物均设定目标。

(2)3 分——制订再利用和循环利用计划

制订一份或多份书面的再利用和循环利用计划,概括说明如何实现上述既定目标。所采取的再利用和循环利用措施包括但不局限于:

①准确记录并保存所有废弃物处理清单和收据。

②所有设施和办公室都放置垃圾桶,鼓励减少基础资料和小物品的废弃物。

③清楚标示垃圾桶及其位置,用较大彩照表明是否是可回收的。

④提供垃圾袋,从视觉和行为上提示应控制废弃物数量。

⑤对员工进行培训,教育他们如何再利用和循环利用,努力减少浪费。

⑥设立员工激励机制,奖励积极参与废弃物再利用和循环利用的个人。

⑦聘请有经验的垃圾运输公司来管理现场废弃物并监测不应有的材料浪费。

⑧应提供施工和运营废弃物材料的处理和储存区域,从视觉和行为上也是一种提示。

⑨确定当地的回收机构,从而有利于将废弃物进行分类,也有利于安排运输。

得分要求如下:

①0 分。不设目标。

②1 分。为办公室废弃物或施工养护废弃物制订计划。

③3 分。为办公室废弃物和施工养护废弃物均制订计划。

(3)2 分——过程监控

得分要求如下:

①0 分。不设目标。

②1 分。跟踪办公室废弃物或施工养护废弃物的处理流程。

③2 分。跟踪办公室废弃物和施工养护废弃物的处理流程。

(4)1 分——效果呈现

跟踪废弃物处理流程至少为期 1 年。监测再利用和循环利用材料的百分比，表明工作改进成果。

6.4.3.3　得分证明

(1)废弃物再利用和循环利用计划。

(2)再利用和循环利用目标。

(3)至少第一年的废弃物处理跟踪报告。

6.4.4　安全管理(7 分)

6.4.4.1　指标含义

根据系统和全部的安全数据以及合理分配资源，提高现有道路网的安全性能。

6.4.4.2　得分要求

(1)1 分——评价现有安全性能

评价当地道路网的安全性能，识别交通事故死亡率和重伤率的主要趋势和特点，确定可合适评价道路安全性能的评价指标。交通伤亡的主要趋势和特点反映了当地交通安全体系的可靠性，以及安全体系亟须改进之处。安全性能评价指标通常涉及与事故类型、道路用户、行为特点、车辆类型等相关的死亡率和重伤率。

得分要求如下：

①0.5 分——评价当地[省(自治区、直辖市)、县(市、区)]的交通安全性能。

a.0 分。以本地交通死亡率和重伤率或死亡重伤总人数量化安全性能。

b.0.5 分。通过对本地交通安全性能的量化评价，确定安全性能的改进措施。

a)死亡和重伤人数，包括事故类型、道路用户、增加死亡率和重伤率的特定用户行为(比如不系安全带)等信息。

b)反映当地道路用户交通安全文化的致命或重伤碰撞特征(如酒后驾驶)。

②0.5 分——确定与减少死亡率和重伤率相关的安全性能评价指标。

a.0 分。以本地交通死亡率和重伤率或死亡重伤总人数作为唯一的安全性能评价指标。

b.0.5 分。在安全性能评价过程中识别重点领域，继而确定安全性能评价指标。

a)对于与特定碰撞类型或道路用户相关的重点领域，评价指标能反映死亡和重伤人数的变化。

b)用户行为相关的指标应能反映这些行为存在处死亡和重伤人数的变化，以及因用户行为导致死亡和重伤事故人数的比例变化。比如：酒驾交通事故的死亡和重伤人数;酒驾驾驶员在死亡和重伤人数中的比例。

c)对于不易用死亡和重伤人数量化的情况,可以采用其他指标反映安全性能的改进,比如:当场死亡驾驶员人数、运送至医院途中驾驶员死亡人数。

(2)1.5 分——设定目标

对于每一个安全性能评价指标,确定目标。得分要求如下(第三项得分前提是第二项得分):

①0 分。不设安全性能目标,或仅类似于事故率、死亡和重伤事故率的目标表达。

②1 分。除把减少死亡人数(率)作为目标外,还设定中期和长期目标,减少重点关注领域的死亡和重伤人数,以及减少导致死亡和重伤事故的交通行为。

③ +0.5 分。决定养护、修补和运营策略是考虑设定的安全性能改善目标。

(3)1.5 分——制订计划

得分要求如下(第三项得分前提是第二项得分):

①0 分。未制订计划,或计划不包含所有的交通事故重点领域、没有行动策略和领导机构、没有系统的方法确定项目(旨在减少死亡和重伤人数)支出。

②1 分。制订一份各级部门协作的安全计划。

a. 提供系统方法以降低死亡和重伤事故风险(比如事故的严重程度、频率)。

b. 每个重点领域都有具体策略和领导机构。

c. 支持集成和多学科的方法减少整个公路体系的死亡和重伤人数。

d. 承诺通过实施安全项目和安排安全经费改进交通安全。

③ +0.5 分。计划中包含为改进交通系统数据分析能力而执行的具体方案和行动。比如,采用地理信息系统(GIS)改进交通事故位置信息的精度,改进交通记录系统,改进分析工具等。

(4)1 分——执行计划

得分要求如下:

①0 分。没有计划,也没有实施项目或行动减少死亡和重伤人数。

②1 分。以集成和多学科的方式执行计划。采用主动和被动的方法减少死亡和重伤人数。

a. 项目、行动的规划与实施应反映计划的重点。

b. 以集成、协调和多学科的方式执行计划中的方案。

c. 方案执行包括主动和被动的方法。

d. 方案实施需要多部门的协作配合。

e. 方案实施应以减少事故风险、致命和重伤风险为目标。

(5)2 分——过程监控

得分要求如下：

①0 分。仅监控总体事故率，典型设施的事故率、死亡率和重伤率或死亡和重伤人数。

②1 分。采用前述的安全性能评价指标进行过程监控。评价仅限于本地死亡和重伤人数汇总。

③1 分。采用安全性能评价指标进行过程监控。得分分为以下两个部分：

a.0.5 分。采用先进和统计可靠的方法评级系统的安全性能。考虑事故数据、交通量以及人口的变化，采用先进的方法确定安全性能基准线。采用软件预测分析安全性能，并与实际安全性能对比分析。

b.0.5 分。将项目评估纳入检测过程。采用统计可靠的评价方法。

6.4.4.3　得分证明

(1)业主的安全改善计划。

(2)公路系统安全性能年度审查，包括数据、趋势、3 年或 5 年的均值。

(3)每年收集的道路网安全性能测试评价文本。

(4)养护项目报告、技术备忘录或其他支撑性文件，表明采用的安全评价方法；已有系统安全性能(频率、事故类型、严重程度)。

(5)为减少事故而实施的对策的备忘录。

(6)项目安全性能后评价研究报告。

(7)用于改善系统安全性能的资金安排计划。

6.4.5　环保合规跟踪系统(7 分)

6.4.5.1　指标含义

本指标旨在确保项目建设阶段的环保设计和承诺能在养护运营阶段得到有效实施并有良好效果。

6.4.5.2　得分要求

(1)1 分——研发全面的环保合规跟踪系统

研制并使用一个全面的环保合规跟踪系统，确保项目设计阶段的环保设计和承诺能在养护运营阶段得到有效实施并有良好效果。

(2)2.5 分——集成环保合规跟踪系统关键的功能

①0.5 分。确保环保承诺从项目开发阶段过渡到养护运营阶段。

②0.5 分。采用跟踪机制(如数据库、表、列表)。

③0.5 分。针对养护运营人员进行定期培训。

④0.5 分。定期提供表明实施环保承诺的报告。

⑤0.5 分。针对该环保合规跟踪系统，设立效果评价指标。

(3)1 分——要求使用该系统

业主有正式文件要求项目开发阶段以及养护运营阶段的人员使用这个系统。

(4)1 分——基于 GIS 的环保跟踪系统

业主应有一个基于地理信息系统(GIS)的环保跟踪系统,如果可能,该系统应与资产管理系统、养护系统等共享平台。

(5)1.5 分——过程监控

采用该系统量化的效果评价指标评价环保跟踪计划的整体实施效果。得分基于以下要求,第二项的得分前提是第一项得分。

①1 分。设定该系统的实施目标以及实施进度安排。

② +0.5 分。使用环保承诺跟踪系统评价实施效果,并跟踪进度至少 1 年。

6.4.5.3　得分证明

(1)环境跟踪系统的数据库、表格、清单和得分点的复印件。

(2)如果评价了实施效果,提供相关数据的图表或电子表格。

(3)如果检测过程,提供不同时间点的图表或电子表格。

6.4.6　路面管理系统(7 分)

6.4.6.1　指标含义

使用路面管理系统,优化路面的养护维修方案,减少成本、施工环境影响和原材料使用。

6.4.6.2　得分要求

(1)1 分——开发路面管理系统,收集数据

业主应利用路面管理系统为路面预防性养护、维修和重建提供信息帮助。路面管理系统一般包括如下内容:

①清单。

②路况评价。

③需求分析。

④养护和维修项目优先。

⑤资金影响。

⑥过程反馈。

得分要求如下:

①0 分。没有包含上述 6 个功能的路面管理系统。

②1 分。包含上述 6 个功能的路面管理系统,并收集数据。

(2)2 分——跟踪路网性能

累计得分,得分要求如下:

①1 分。采用常用指标评价路面性能。至少包括以下指标:平整度、裂缝、车辙和错台(针对水泥路面)。业主应将路网性能分为“可接受”和“不足”。

②1 分。项目时效性。对养护、维修项目有时效性要求。

(3)1 分——设定目标和监测过程

得分要求如下:

①0 分。针对路况和时效性没有设定量化目标;或设定量化目标但没有进行过程监控,或目标设定后进行过程监控不到 1 年。

②1 分。针对路况和时效性设定量化目标,包括何时实现目标;目标设定后进行过程监控至少 1 年。

(4)2 分——利用数据显示路面的性能

累计得分,得分要求如下:

①0.5 分。通过系统建模,包括情景分析、交易分析以及系统优化选择优先项目,而不是最坏的路优先。

②0.5 分。采用寿命周期费用分析(LCCA)技术预测费用,进行短期和长期的预算预测。

③0.5 分。根据路况和设定的时效性,每年的交通发展计划包括日常路面保修。

④0.5 分。利用路面管理系统,将路面修补、维修与资金联系起来。

(5)1 分——可持续发展规范

除了开发和使用一套路面管理系统,考虑采用可持续路面的解决方案,包括温拌沥青混合料、长寿命路面、再生沥青路面等。

得分要求如下:

①0 分。在尝试可持续路面的解决方案。

②0.5 分。业主有特定条款要求使用至少一项可持续路面的解决方案。

③0.5 分。业主有标准规范或特定条款要求使用至少一项可持续路面的解决方案,并要求将可持续路面作为第一方案。

6.4.6.3 得分证明

(1)路面管理系统的使用证明。

(2)如果测试性能,提供相关性能数据的图表或电子表格。

(3)路面管理系统目标的文本,包括量化目标和期限。

(4)如果是过程监控,提供不同时间点的图表或电子表格。

(5)标准规范或特定条款。

6.4.7 桥梁管理系统(6 分)

6.4.7.1 指标含义

使用桥梁管理系统延长桥梁的寿命,改善桥梁的功能。

6.4.7.2　得分要求

(1)1 分——开发桥梁管理系统,收集数据

业主应有桥梁管理系统,该系统至少包括以下过程:

①收集、处理和更新数据。

②预测损坏。

③确定实施方案。

④预测费用。

⑤确定最优政策。

⑥短期和长期预算预测。

⑦在政策和预算约束下,建议实施计划和时间进度。

得分要求如下:

①0 分。没有桥梁管理系统,或有桥梁管理系统但没收集数据。

②0.5 分。有桥梁管理系统,至少含上述 7 个步骤中的 5 个,且收集数据。

③1 分。有桥梁管理系统,含上述全部 7 个步骤,且收集数据。

(2)2 分——跟踪桥梁性能

累计得分,得分要求如下:

①0.5 分。采用常用指标评价桥梁整体性能。每座桥梁都要形成一个健康数据库。将桥梁上部结构、桥面板和下部结构按十分制进行分级,或通过对桥梁构件进行检测,收集更多数据。

②0.5 分。运营限制。报告服役桥梁的重量限制或功能局限。

③1 分。项目时效性。对养护、维修项目的时效性有要求。

(3)1 分——设定目标和监测过程

得分要求如下:

①0 分。设定不到 2 个评价指标的量化目标;或设定至少 2 个评价指标的量化目标,但没监测过程,或目标设定后监测过程不到 1 年。

②0.5 分。设定至少 2 个评价指标的量化目标,且目标设定后监测过程至少 1 年。

③1 分。设定 3 个评价指标的量化目标,包括何时实现目标,且目标设定后监测过程至少 1 年。

(4)2 分——数据显示桥梁的性能

累计得分,得分要求如下:

①0.5 分。采用桥梁管理系统进行复杂建模,包括预测、情景分析和系统优化。

②0.5 分。采用寿命周期费用分析(LCCA)技术预测费用,进行短期和长期的预算预测。

③0.5 分。根据桥梁状况和设定的时效性，每年的交通发展计划包括桥梁日常保修。

④0.5 分。利用桥梁管理系统，将桥梁修补、维修与资金联系起来。

6.4.7.3　得分证明

(1)桥梁管理系统的使用证明。

(2)如果测试性能，提供相关性能数据的图表或电子表格。

(3)桥梁管理系统目标的文本，包括量化目标和期限。

(4)如果是过程监控，提供不同时间点的图表或电子表格。

(5)标准规范或特定条款。

6.4.8　隧道管理系统(6 分)

6.4.8.1　指标含义

使用隧道管理系统延长隧道的使用寿命，改善隧道的功能。

6.4.8.2　得分要求

(1)1 分——开发隧道管理系统，收集数据

业主应有隧道管理系统，该系统至少包括以下过程：

①收集、处理和更新数据。

②预测损坏。

③确定实施方案。

④预测费用。

⑤确定最优政策。

⑥短期和长期预算预测。

⑦在政策和预算约束下，建议实施计划和时间进度。

得分要求如下：

①0 分。没有隧道管理系统，或有隧道管理系统但没收集数据。

②1 分。有隧道管理系统，含上述全部 7 个步骤，且收集数据。

(2)2 分——跟踪隧道性能

累计得分，得分要求如下：

①0.5 分。采用常用指标评价隧道整体性能。每条隧道都要形成一个健康数据库。检测/监测工程结构物、机电设备，通用、消防、排水设施，洞口雕塑，安全岗亭等，并收集更多数据。

②0.5 分。运营限制。报告服役隧道的功能局限。

③1 分。项目时效性。对养护、维修项目的时效性有要求。

(3)1 分——设定目标和监测过程

得分要求如下：

①0 分。设定不到 2 个评价指标的量化目标；或设定至少 2 个评价指标的量化目标，但没监测过程，或目标设定后监测过程不到 1 年。

②0.5 分。设定至少 2 个评价指标的量化目标，且目标设定后监测过程至少 1 年。

③1 分。设定 3 个评价指标的量化目标，包括何时实现目标，且目标设定后监测过程至少 1 年。

(4)2 分——数据显示隧道的性能

累计得分，得分要求如下：

①0.5 分。采用隧道管理系统进行复杂建模，包括预测、情景分析和系统优化。

②0.5 分。采用寿命周期费用分析(LCCA)技术预测费用，进行短期和长期的预算预测。

③0.5 分。根据隧道状况和设定的时效性，每年的交通发展计划包括隧道日常保修。

④0.5 分。利用隧道管理系统，将隧道修补、维修与资金联系起来。

6.4.8.3 得分证明

(1)隧道管理系统的使用证明。

(2)如果测试性能，提供相关性能数据的图表或电子表格。

(3)隧道管理系统目标的文本，包括量化目标和期限。

(4)如果过程监控，提供不同时间点的图表或电子表格。

(5)标准规范或特定条款。

6.4.9 养护管理决策系统(9 分)

6.4.9.1 指标含义

利用养护管理系统列出清单，评价、分析、计划、执行和监测养护活动，有效延长系统寿命，改善服务，减少对人类和自然环境的影响。

6.4.9.2 得分要求

养护管理系统是一个计算机化的数据库，旨在集成业主的资产管理和养护管理系统，优化养护活动的管理。业主可以通过养护管理系统进行养护决策，使得养护工作更有效，决策更优化。

养护管理——养护管理者针对养护项目采取的管理行为。

养护管理系统——帮助管理者做出更好决策和更有效管理的一套工具、技术和流程。

(1)1 分——养护管理系统的关键组成部分

养护管理系统至少包括以下模块：

①规划。包括资产清单、养护工艺指南、客户输入、性能目标以及现状评估。

②计划和预算。包括基于性能的预算分析、年度工作计划和年度预算。

③资源管理。包括资源需求分析、人员配置、设备管理和私人承包。

④进度安排。包括工作需求、客户服务计划、短期工作安排。

⑤监测和评价。包括性能指标、工作报表、管理分析。

⑥支持和管理。包括许可证处理和跟踪、风险管理和库存管理。

得分要求如下：

①0 分。没有养护管理计划,或有养护管理计划,但只有不到上述 3 个模块。

②0.5 分。有养护管理计划,有上述 3 ~ 4 个模块。

③1 分。有养护管理计划,有上述 5 ~ 6 个模块。

(2)1 分——集成车载技术

利用车载技术为养护管理系统提供输入信息。也可利用养护管理系统使养护运营更有效。

(3)2.5 分——养护管理系统集成

养护管理系统至少应集成路面管理系统(6.4.6 节)、桥梁管理系统(6.4.7 节)、公路基础设施养护系统(6.4.10 节)、交通安全设施养护系统(6.4.11 节)。累计得分,得分要求如下：

①0.5 分——道路清单系统。

②0.5 分——财务管理系统。

③0.5 分——施工/项目管理系统。

④0.5 分——设备管理系统。

⑤0.5 分——环境合规跟踪系统(6.4.5 节)。

(4)3 分——利用养护管理系统确定项目

养护管理系统将路面管理系统和桥梁管理系统结合起来并交换信息。利用这些信息将路面/桥梁养护项目与养护需求联系起来。

(5)1.5 分——养护质量保证

养护质量保证旨在采用量化指标评价养护项目的性能。第二项的得分前提是第一项得分。得分要求如下：

①1 分。业主有养护质量保证计划。

② +0.5 分。养护质量保证计划帮助管理者了解养护状况、确定优先项目,说明费用和结果之间的关系。

6.4.9.3　得分证明

(1)养护管理系统的使用证明。

(2)养护管理系统的组成和功能。

(3)养护质量保证计划和实施程序的证明。

6.4.10 公路基础设施养护(7 分)

6.4.10.1 指标含义

通过对公路基础设施进行养护(包括日常养护)使路面、桥梁、隧道和路侧以及附属物寿命更长,性能更好。

6.4.10.2 得分要求

根据已有的路面管理系统、桥梁管理系统以及养护管理系统确定路面、桥梁、隧道以及附属设施的养护活动。

(1)2 分——制订道路养护计划

制订道路养护计划,该计划覆盖公路基础设施系统,包括四项核心资产(路面、桥梁、隧道、雨水系统)和附属设施,其他资产包括路肩/路侧、边坡、落石和边坡防护、植被及其附属设施。

道路养护计划至少说明责任方、资产清单、标准、进度安排、标准作业程序和资金来源。该计划也应包括养护活动(如修补、清扫、杂物控制)。

得分要求如下:

①0 分。没有道路养护计划。

②0.5 分。有道路养护计划,包括多个文件,仅覆盖 4 项核心资产。

③1.0 分。有道路养护计划,包括多个文件,不仅覆盖核心资产,也覆盖至少两项其他资产;或有一份统一的道路养护计划,仅覆盖核心资产。

④1.5 分。有道路养护计划,包括多个文件,覆盖核心资产和所有的其他资产;或有一份统一的道路养护计划,覆盖核心资产和至少两项其他资产。

⑤2.0 分。有一份统一的道路养护计划,覆盖核心资产和所有的其他资产。

(2)2 分——设定量化指标,效果评价

累计得分。第二项的得分前提是第一项得分。得分要求如下:

①1 分。设定道路养护计划的量化效果评价指标。针对上述的基础设施类别分别设定指标。效果评价指标可分配到单个公路或公路网。量度标准可以为基础设施的状况、排水系统的功能、排出水的水质、有害杂草或阻塞性植被的存在,或其他参数。

② +1 分。每年用这些评价指标评价路侧养护计划的整体执行效果。

(3)1 分——设定目标,监测过程

累计得分。第二项的得分前提是第一项得分。得分要求如下:

①0.5 分。设定评价指标的量化目标,包括何时实现目标。比如,业主设定的

目标是每年清理所有的排水结构物。

②+0.5 分。目标设定后跟踪监测至少 1 年,并证明改进成效。

(4)2 分——可持续性养护和运营

累计得分。得分要求如下:

①1 分。养护管理计划专门论述养护可持续性,并强调在养护时如何在程序、规范和工艺上促进可持续性。

②1 分。养护管理计划专门论述养护可持续性,并包含促进基础设施资产可持续性的程序、规范或措施。

6.4.10.3 得分证明

(1)每项资产的负责方、时间表、方法、标准作业程序和经费来源。

(2)如果进行效果评价,提供效果评价的图表或电子表格。

(3)关于养护计划目标的文本,包括量化目标和期限。如果进行了过程监测,提供不同时间点目标监测时获得的图表或电子表格。

6.4.11 交通安全设施养护(7 分)

6.4.11.1 指标含义

维护道路交通控制系统,加强安全性和运营效率。

6.4.11.2 得分要求

本项内容包括永久性交通控制设施、智能交通系统(ITS)和安全设施的养护。相关项包括 6.4.13 节交通管理和运营(永久性交通控制和 ITS 系统的运营)、6.4.14节养护施工作业区交通控制(包括临时交通控制、ITS 和安全设施)。

应根据 6.4.9 节养护管理决策系统确定交通安全设施养护方案。

(1)1 分——制订交通控制计划

业主制订并执行一个全面的交通控制计划。对于下列养护项目,该计划至少包括责任方、标准、时间表、方法以及经费来源:

①路面标线养护和修补:重新画线。

②标识养护和修补:反射率评价、标识替换、标识牌修补。

③安全设施(如护栏、衰减器、轮廓标等)养护和修补。

④交通信号养护和修补。

⑤道路照明养护和修补:电力服务、灯泡更换。

⑥智能交通系统养护和修补。

评分要求如下:

①0 分——没有交通控制设施养护计划。

②0.5 分——有交通控制设施养护计划,包括多个文件,覆盖多个文件;或有

一份统一的交通控制设施养护计划,覆盖至少上述 4 ~6 项养护项目。

③1 分——有一份统一的交通控制设施养护计划,覆盖上述所有养护项目。

(2)2 分——确定量化指标,效果评价

累计得分。第二项的得分前提是第一项得分。得分要求如下:

①1 分。设定交通控制设施养护计划的量化效果评价指标,可以面向单个公路或公路网。评价指标的产生应基于服务水平、标志可读性、照明适当性、存在不合格交通控制设施、养护活动的时效性以及其他参数。

② +1 分。采用这些评价指标评价交通控制设施养护计划的整体执行效果。

(3)1 分——设定目标,监测过程

累计得分。第二项的得分前提是第一项得分。得分要求如下:

①0.5 分。针对上述评价指标确定量化目标,包括何时实现目标。比如,道路中线画线每 2 年重新喷漆。

② +0.5 分。目标设定后跟踪监测至少 1 年,并证明改进成效。

(4)3 分——可持续性的养护和运营

累计得分。得分要求如下:

①1.5 分。交通控制设施管理计划专门论述养护可持续性,并强调在养护时如何在程序、规范和工艺上促进可持续性。

②1.5 分。交通控制设施管理计划专门论述养护可持续性,并包含促进基础设施资产可持续性的程序、规范或措施。

6.4.11.3 得分证明

(1)每项养护项目的负责方、时间表、方法、标准作业程序和经费来源。

(2)如果进行效果评价,提供效果评价的图表或电子表格。

(3)关于养护计划目标的文本,包括量化目标和期限。如果进行了过程监测,提供不同时间点目标监测时获得的图表或电子表格。

6.4.12 道路气象信息服务(5 分)

6.4.12.1 指标含义

制订并执行道路气象信息管理计划(包括冰和雪的控制),减少天气对养护运营的影响,使道路提供更好的服务。

6.4.12.2 得分要求

智能交通系统(ITS)相关方案在 6.4.13 节交通管理和运营中详细说明,此处不重复叙述。

(1)0.5 分——制订道路气象管理计划

制订道路气象管理计划的目的是采取措施减缓雨、雪、雾、大风、洪水以及其他险恶天气对交通运营的影响。道路气象管理计划的内容和详略因业主需求而异。可以是多份文件,每份文件针对特定地区或特定天气条件,也可以是一份统一的文件。

(2)0.5 分——设定目标,监测过程

累计得分。第二项的得分前提是第一项得分。得分要求如下:

①0.25 分。设定道路气象管理计划的量化效果评价指标。评价指标的产生应基于服务水平、每种事件下所用的材料数量以及其他相关参数。

② +0.25 分。目标设定后跟踪监测至少 1 年,并证明改进成效。

(3)1.5 分——实施道路气象信息系统

道路气象信息系统可以利用传感器实时监测路面和天气条件。气象数据包括空气温度和湿度、能见度距离、风速和风向、降水类型和水量、雷电、风暴定位和跟踪以及空气质量。路面数据包括路面温度、路面结冰点、路面状况(如湿的、冰冷的、淹没)、路面化学品浓度、地下条件(如土壤温度)。水位数据包括潮位以及道路附近的江河、溪流、湖泊的水位。这些数据有助于进行最佳决策,比如何时使用盐和化学品、用多少,这样可减少化学品的使用数量,提高使用效率。道路气象信息系统应能及时向管理者和用户提供当下信息和预测信息,比如可变信号标志上的大雾警告,或在网站上列出被淹路段等。

得分要求如下:

①0 分。没有道路气象信息系统。

②0.5 分。只在较少位置尝试道路气象信息系统。

③1 分。选择部分易受天气影响的区域实施道路气象信息系统。

④1.5 分。在大部分或所有易受天气影响的区域(如山口、大风区、桥梁等)实施道路气象信息系统。

(4)1 分——实施冰雪控制的标准实践方法或标准运营程序

累计得分。第二项得分的前提是第一项得分。得分要求如下:

①0.5 分——有道路气象管理计划,针对冰雪控制至少包含以下内容:

a. 环境敏感区域减少盐的使用;

b. 有应对路面结冰的计划;

c. 对盐和化学品的使用进行定期培训;

d. 合理管理化学品储存设施;

e. 化学品合理储存;

f. 设备适当校准;

g. 规划和优化线路,减少成本,提高燃油效率。

② +0.5 分——计划中包含可持续性的效果评价标准,且表明减少了材料和货车燃油的使用。

(5)0.5 分——实施材料管理计划

根据气象信息情况，成功实施材料管理计划，监测盐（包括其他化学品）的使用数量以及异常天气期间和之后的道路服务水平。

(6)1 分——实施养护决策支持系统

开发养护决策支持系统改善道路不良天气下应对措施的有效性。该系统应根据安装在路侧或车辆上的传感器监测的气象报告进行决策。

评分要求如下：

①0 分——没有养护决策支持系统。

②0.25 分——有养护决策支持系统，但没有安装在路侧或车辆上的传感器监测的天气数据。

③0.5 分——基于安装在路侧或车辆上的传感器监测的天气数据。

④1 分——基于安装在路侧和车辆上的传感器监测的天气数据。

6.4.12.3　得分证明

(1)道路气象管理计划。

(2)材料管理计划、养护决策支持系统以及道路气象信息系统文本。

(3)计划年度进展报告，包括前一期有数据支撑的实施效果和采取的养护活动。与计划实施相关的会议记录或纪要。

6.4.13　交通管理和运营(7 分)

6.4.13.1　指标含义

通过合理运用运营技术和管理最大限度地利用既有道路。减少石化燃油的使用和排放，减少事故的数量和严重程度，减少个人及公共财产的损失，减少人身伤害和死亡人数、减少资源和成本。

6.4.13.2　得分要求

本项内容覆盖永久性交通控制和智能交通系统（ITS）的运营。本项相关内容包括 6.4.11 节交通安全设施养护（包括永久性交通控制、ITS 和安全设施的养护）、6.4.12 节道路气象信息服务、6.4.14 节养护施工作业区交通控制（包括临时交通控制、ITS 和安全设施）。

本指标旨在积极管理道路上的车辆，减少各种情况引起的拥堵，包括通行能力不足、不合格的交通运营系统（如交通信号系统较差）、事故（撞车或车辆故障）、天气（冰、雪、雾）、养护施工作业区以及其他特殊事件。

(1)1 分——采取的相应技术和措施高于普通要求

业主采用的技术和措施高于普通要求，提高机动性和服务水平。通常应包括拥堵管理、养护施工作业区管理、实时出行者信息、交通控制设施手册。根据情况增加施工作业区影响分析，或公众信息或宣传策略。

(2)3 分——运营计划以及效果评价

运营方有合理的交通管理和运营计划，全面提升道路网的机动性和安全性。采取相关技术措施提高服务水平、道路通行能力，减少交通事故及其影响。这些技术措施涉及事故响应小组、通信服务、智能交通系统，也包括改善交通瓶颈的投资、交通信号协调、提高信号时序效率、车道管理等。根据表 6-26 中的智能交通技术种类确定得分。

智能交通技术 表 6-26

系　　统	应　　用
交通管理	全地区交通运行； 中心交通信号协调系统； 当地相关交通管理中心； 交通监控系统； 交通信号控制系统； 自适应信号控制系统； 先进的信号系统； 信号协调； 专用信号头； 交通控制； 车道管理应用； 特殊事件的交通管理系统； 自动化系统实施速度限制； 交通事件管理
出行者信息	出行前信息； 路线信息； 出行服务信息
交通运输管理	智能交通运输管理系统； 交通出行规划； 公交信号优先； 自动车辆定位（AVL）； 计算机调度（CAD）系统； 车辆管理和运营； 出行者资讯系统（ATIS）； 通道综合管理
电子支付和收费	不停车收费系统； 多用途支付系统； 拥挤收费

续上表

系　统	应　　用
信息管理	存档数据管理系统； 交通运输管理中心； 信息发布； 公路广播
道路气象管理	道路气象监测，预报； 信息提供（如道路气象信息发布）； 控制策略（如恶劣天气下的交通管制）； 处置策略（如冬季保养）
交通事件管理	信号时序变化； 绕路或备用线路； 信息发布
通信联系	中心之间的通信
商用车辆运营系统	资格证书管理； 安全保证； 电子稽查； 车辆管理； 安全运行； 动态称重站
应急管理	应急医疗服务； 危险材料管理； 先进的自动碰撞通知（ACN）； 远程医疗； 响应和恢复； 紧急出行信息； 预警系统； 协调应急响应； 碰撞通知系统
先进车辆管理系统	道路几何线形警告； 路口碰撞预警系统； 动物的警告； 防撞系统； 前方碰撞预警系统； 道路偏离预警； 车道偏离警告（LDW）
养护和施工管理	工作区管理； 冬季养护

(3)1 分——系统规划包含运营方案，设定性能目标，监测过程

在系统规划时考虑运营方案，尽可能提高机动性。在确定基础设施需求时考虑运营方案的影响。

(4)2 分——设定目标，监测过程

累计得分。第二项得分的前提是第一项得分。得分要求如下：

①1 分。设定至少 1 个安全指标和 1 个机动性指标评价运营系统的性能。如出行时间、事件响应时间和事件发生频率。

② +1 分。目标设定后跟踪监测至少 1 年，并显示进展情况。

6.4.13.3　得分证明

(1)交通管理运营改进计划，包括上述清单中的技术。

(2)先进的信号时序和协调计划、工作区协调计划和事件管理计划。

(3)表明有显著改善效果的评价指标和评价报告。

(4)表明早期考虑了运营方案的规划文件和项目选择文件。

(5)第一年内实现的目标以及进展(以性能指标作为量度)证明。

6.4.14　养护施工作业区交通控制(7 分)

6.4.14.1　指标含义

制订并执行养护施工作业区交通控制计划，提高作业工人和道路用户的安全性，提高服务水平。

6.4.14.2　得分要求

本项相关内容包括 6.4.11 节交通安全设施养护、6.4.13 节交通管理和运营。

(1)1.5 分——制订养护施工作业区交通控制计划

制订养护施工作业区交通控制计划应包括以下要素：

①养护施工作业区交通控制计划检查和修改完善机制。

②查询目前养护施工作业区安全的发展趋势和问题，识别目前导致养护施工作业区出现伤亡的因素。

③更新和采用新的要求和程序，纠正现有养护施工作业区安全要求的不足，改善服务水平。

④按照相关法律法规要求，确保及时准确报告养护施工作业区事故。

⑤组织和实施养护施工作业区交通安全培训。

⑥查询养护施工作业区使用的新技术和创新。

⑦对养护施工作业区交通控制方案进行自评价。

得分要求如下：

①0 分。养护施工作业区交通控制计划包含上述要素不到 2 个。

②0.5 分。养护施工作业区交通控制计划包含上述 2 或 3 个要素。

③1 分。养护施工作业区交通控制计划包含上述 4 或 5 个要素。

④1.5 分。养护施工作业区交通控制计划包含上述 6 或 7 个要素。

(2)1.5 分——设定目标,监测过程

累计得分。第二项得分的前提是第一项得分。得分要求如下:

①1 分。设定评价该计划实施效果的指标。指标可以参考服务水平、事故数量和严重程度以及其他相关参数。

②+0.5 分。目标设定后,跟踪监测至少 1 年,并显示进展情况。

(3)1 分—— 使用智能交通系统(ITS)预测和减少拥堵

得分要求如下:

①0 分。没有采用 ITS 预测和减少拥堵。

②0.5 分。允许几个项目使用智能交通系统(ITS)预测和减少拥堵。

③1 分。经常使用智能交通系统(ITS)预测和减少拥堵。

(4)0.5 分——ITS 新技术应用

使用新的 ITS 技术,如:

①养护施工作业区闯入安全警告系统。

②连续广播警告系统。

③无人机雷达和雷达超速警告设施。

(5)1.5 分——合同创新

得分要求如下:

①0 分。没有进行合同创新,鼓励承包商减少施工时间,优化施工作业时间表。

②0.5 分。尝试使用合同创新,鼓励承包商减少施工时间,优化施工作业时间表。

③1 分。在设计—施工合同经常使用合同创新,鼓励承包商减少施工时间,优化施工作业时间表。

④1.5 分。无论是设计—招标—施工合同,还是设计—施工合同经常使用合同创新,鼓励承包商减少施工时间,优化施工作业时间表。

(6)0.5 分——公众参与

鼓励公众参与,特别是受影响的居民和商户。

(7)0.5 分——加强宣传,提高公众的安全意识

6.4.14.3 得分证明

(1)养护施工作业区交通控制计划、执行委员会或任务组的文本证明。

(2)关于使用 ITS 的要求、流程和指南的文本证明。

(3)合同创新及合理应用的证明。

(4)公众参与的文本证明。

附录 1

沥青混凝土绿色拌和站建设和运营管理指南

沥青拌和站是公路建设和养护中一个重要生产部门,在其建设和运营过程中,不可避免地会带来一定程度的环境负面效应,比如土地资源的占用、植被破坏、水土流失、大气污染、噪声污染等。在建设资源节约型、环境友好型社会的大背景下,沥青拌和站的建设和管理有必要按照绿色施工理念作为指导,以"低废弃、低排放、低能耗"为目标,节约资源和能源、保护和改善环境,全面优化整个施工工艺和施工过程,实现公路建设与自然环境和社会环境的高度和谐。

1 总体要求

拌和站的建设应以资源利用最大化、环境污染及其影响最小化、厂区建设最优化为基本目标,建立满足绿色生产管理要求的组织机构和管理制度,逐步建立并完善可再生资源利用和能耗排放的监测体系,制定噪声、粉尘、废水、废料排放控制程序,采用环保友好型设备和先进技术,将绿色理念贯穿拌和站建设、运营管理的各个环节,实现沥青混凝土的绿色生产。

2 拌和站选址、平面规划和功能区布置

围绕上述基本目标,拌和站地址应从经济、便利、安全和环保等方面综合确定。应选择交通便捷、原材料供应经济方便的场地;应远离住宅和人口稠密区、环境敏感区;建设前应有环保部门批准的环境影响评价报告。对于固定式沥青拌和站,应考虑混凝土的运输半径辐射范围和市场,土地占用国家建设要求,并能实现长远经营的需要。

新建、扩建、改建拌和站必须同步实行环保配套建设,环保配套建设应与主体建设实行"三同时"(同时设计、同时施工、同时验收使用) ,并有环保部门批准的环保设施建设验收报告。随着社会经济的发展和居民生活水平的不断提高,城镇居住范围逐步扩大,对周边环境要求也在提高,城镇周边固定拌和站选址更应有长远的考虑。

站区建设必须有明确的功能区域划分。站区内应划分出办公生活区、生产作业区、材料储备区、试验检测区等,各功能区设置合理,有条件的站区可增设机械设备停放区、景观区。

3 原材料获取和管理

原材料获取生命周期阶段的环境影响主要包括资源开采、加工、运输。加工阶段的环境影响因材料类型而异。运输阶段的环境影响主要取决于拌和站与料源之间的距离以及运输模式。拌和站可以通过综合考虑影响因素(包括再生材料比例、材料加工燃料和工艺、材料运输模式、材料来源等)减少环境影响。

鼓励使用再生材料和其他行业废旧材料代替新鲜材料,可以减少材料开采和加工产生的环境影响以及相应运输产生的环境影响,如使用回收的沥青混合料、水泥混凝土、粒料、废旧建筑材料,工业副产品(如粉煤灰、高炉矿渣等),处理过的废料(如废旧轮胎、碎玻璃等)。

原材料运距、运输模式和材料重量影响运输的环境。尽量选择当地材料,或低排放的运输方式(火车或水运),减少运输能耗和排放。

优先选择绿色材料供应商,并鼓励材料供应商改善其材料开采和加工工艺,将有助于提高全行业拌和站的环保水平。

尽量使用低碳环保材料,比如采用温拌沥青混合料,降低施工温度,节约能源,既保护环境,也对施工工人健康有利。

加强材料采购、堆放、入库保管、发配料等环节的管理,减少非实体性材料消耗。科学合理地布置施工现场,并绘制施工现场平面布置图,材料运输时,选用适宜的工具和装卸方法,防止损坏和遗洒。根据现场平面布置就近堆放,避免和减少二次搬运。

4 空气质量管理

沥青拌和站的施工材料多是粉状、颗粒状、片状物质,在搬运和施工生产作业时极易飞扬,比如集料、水泥、石灰、土、粉煤灰等。废气污染主要来源于现场拌和楼集料加热、沥青材料热熔、车辆运输。拌和站应加强空气质量管理,减少颗粒物和废气排放,使之符合环境法律法规,也可减少周围群众的抱怨和投诉。

拌和站应着重关注颗粒物排放(扬尘),评价颗粒物排放的一个重要指标就是PM10(当量直径$\leqslant 10\mu m$的颗粒物称为可吸入颗粒物)。

颗粒物排放分为施工过程排放或点源排放和非点源排放。施工过程排放指的是装载机上料、矿粉、水泥罐填充、集料加热和二次筛分(沥青拌和楼)中产生的排放。施工过程颗粒物排放通常采用除尘装置来处理,如袋滤捕尘室。

对于间歇式沥青拌和楼,减少施工过程点源排放通常可采取以下措施:

(1)制定集料运输和卸载方法并张贴。

(2)矿粉、水泥、石灰类粉状材料采用罐装储存。

(3)控制材料装载速率(减缓上料速率,可减少灰尘排放)。

(4)在大倾角皮带输送机上增设防尘罩或将皮带机整体封闭起来,使集料在密闭的通道中运行。

非点源颗粒物排放可能来源于场地车辆的装料和转运、集料料堆以及其他来源。常用的控制措施如下:

(1)场区洒水,但适当控制水量。

(2)场区张贴 10km/h 限速标志并执行。

(3)必要的区域地面进行铺面硬化。

(4)采用真空清扫机清扫铺装区域。

(5)未铺装区域可种植植被绿化。

(6)沥青路面用集料堆放场地,建议使用钢架大棚搭建料棚。

(7)场区进出口设置沉淀池,沉淀池应根据淤泥深度及时清淤。

沥青混合料应采用封闭式加热工艺,配置沥青烟净化装置。其他拌和站废气排放控制措施参考能源管理章节。

5 水管理

沥青拌和站涉及三种类型的水:饮用水、生产用水和雨水。饮用水包括自来水、可饮用的地表水或现场挖掘的井水。生产用水指的是施工过程直接或间接用到的水,比如绿化用水、清洗用水、粉尘控制用水等。雨水主要是下雨和降雪形成的,也可以转化为生产用水。拌和站应制订水资源规划方案,统筹、综合利用各种水资源。水资源规划方案应包括中水、雨水等非传统水源综合利用的内容。水管理应注重以下方面:

(1)根据施工现场情况,编制详细的施工现场临时用水方案,使施工现场供水管网根据用水量设计布置,采用合理的管径、简捷的管路,有效地减少管网和用水器具的漏损。注意采用不同颜色的水管区分饮用水、生产用水和雨水。

(2)尽量减少饮用水的使用。饮用水使用处应限制冲洗时间;专设流量泵和流量计,安装流量控制喷嘴或使用小直径水管。

(3)控制使用生产用水,并收集、处理和尽可能再利用生产用水。

①货车外部清洗、植被灌溉等站区活动产生的废水，其中多含杂质，不宜直接排放，可采取沉积池系统（沉积分离法）处置，当生产用水流过时，水流降速，固体逐渐沉积。沉积池的位置、平面尺寸、深度设计应综合考虑。回收的生产用水可继续用于货车外部清洗，植被灌溉以及控制扬尘。生产用水再利用对于环境和经济效益都是有利的。

②未经处置的生产用水直接排放，必须保证排放水的质量符合相关环保标准和法律法规。高 pH 值、高固体含量以及含石油产品和其他化学品的水的 pH 值范围、总悬浮固体量以及其他污染物含量必须满足相应要求，通常生产用水排放前必须进行处理。

（4）应对雨水进行有效管理，防止其与生产用水混合，或被污染。同时应收集和利用雨水。

①减少雨水污染水平。从拌和站排出的雨水必须获得排放许可。通常要求拌和站执行雨水污染物预防计划，并对雨水取样，进行表观检查和物理化学分析。拌和站应尽力消除雨水和地表材料（如水泥、细集料、油品、添加剂、溶剂、其他化学品等）的接触。拌和站应采取最佳施工方案减少或预防雨水中的污染水平，使其雨水排放满足要求。

②通常不允许雨水和生产用水混合。建议将雨水流到远离生产区域进行集中处理，或在生产区域周边设置障碍物阻止雨水流入。路缘石、排水沟和坡度可以防止雨水与生产用水混合。或将储存生产用水的沉积池的周边高度高于地面，减少或消除雨水的混入。也可在集料料堆建立一个闭合的循环系统用来收集和处理降水和洒水时形成的径流。

③尽可能收集雨水。也可以将雨水储存在沉积池或储水池留作以后使用，保存自然资源的同时，也节约了地表水或地下水泵送能耗以及费用。收集的雨水可继续用于货车外部清洗、植被灌溉、控制扬尘、冲厕等。

④减少总径流量应该是拌和站管理的一个目标，特别是往地表水域排放的拌和站。拌和站场地具有渗透性，可以有效减少径流量，也可以让雨水渗透补充含水层。拌和站场地可以种植植物或铺装渗透性路面。

⑤通常降雨条件下，通过现场收集、储存、处理以及再利用实现拌和站雨水的零排放。

⑥拌和站应执行雨水收集、储存或部分储存、使用的计划。收集设施包括储水池或类似设施。雨水也可以补充或代替拌和站施工时的生产用水。收集的雨水首先考虑是以合理方式加以利用，然后才是按照要求排放到场外的水体或市政雨水收集系统。有些情况下为了便于使用，雨水也可与生产用水混合。

（5）拌和站生产生活用水应使用节水型生活用水器具，在水源处应设置明显的节约用水标识。盥洗池、卫生间采用节水型水龙头、低水量冲洗便器或缓闭冲洗阀、手动式冲洗水箱或采用电子节水器等,浴室安装莲蓬头和脚踏式喷淋开关,禁止使用铸铁螺旋式水龙头。水车安装截止阀防止水罐上水时水分溢出。

(6)分别对生活用水与工程用水确定用水定额指标,并分别计量管理;对用水集中的区域和工艺点进行专项计量考核。及时收集用水资料,建立用水节水统计台账,并进行分析、对比,对出现的用水异常现象应及时分析原因,并采取有效措施加以解决,提高节水率。

(7)加强对项目部员工的宣传教育,增强其节水意识,养成良好的用水以及正确使用回收水设施的习惯。

6 能源管理

公路工程施工消耗能源包括煤炭、天然气、液化气、汽油、柴油、电等,低碳施工就是应合理节约利用能源,尽可能使用清洁能源和新能源。

6.1 用电管理

根据施工现场情况,编制详细的施工现场临时用电方案,使施工现场供电网络根据用电量设计布置,采用合理的电缆直径、简捷的线路,有效地减少线路和电缆的浪费。照明设计满足最低照度为原则,照度不超过最低照度的20%。

生活区采用低压照明用电,满足照明要求的同时并减少耗电量。生活区照明用电由专人负责采用专闸控制,白天 8:00 后拉闸断电,晚上随季节和天气确定时间合闸供电。

办公区指定严格的用电制度,做到人走灯灭,下班后及时关闭计算机、打印机、复印机等办公用品。

临时用电选用节能型灯具,办公区采用节能灯。办公区、生活区夜间室外照明采用低压电源和灯具。

生活区宿舍楼楼道照明采用感光声控系统自动控制。

根据条件,适当使用可再生电力。可再生电力包括风力发电、太阳能发电、水力发电、地热发电以及生物发电。

6.2 车辆和机械设备节能管理

为了减少车辆和机械设备的能耗,有必要制订并不断完善相应的维护计划、操作规范和车辆/设备的更换时间,最大限度地实现节能。可采如下节能措施:

(1)制订并执行车辆和机械的预防性养护计划,合理维修车辆,跟踪车辆养护时间间距。

(2)采用合成润滑油,通过减少摩擦,提高能源效率,延长车辆和机械寿命。

(3)制订并执行驾驶员或操作人员在运输材料、安全、车辆维修以及环保方面的培训计划,更新操作人员的技能,提高车辆或机械设备燃油的有效性,也可以每天通过车辆或设备检查减少燃油泄漏风险。在施工现场,驾驶员或操作人员应有环保意识,防止车辆冲洗水排入附近溪流。

(4)每日记录车辆和机械的油耗,确认是否存在漏油的情况,识别能耗较大的车辆,并进行维修或淘汰。

(5)适当时,将更高效的车辆和设备转移到更高的工作比任务上,较低效率的从事较低的工作比任务。

(6)适当时,将许多小车辆的负荷集中到一个大车辆上(评估车辆和机械设备长期使用和负荷水平,选择合适的车辆或机械设备来替换旧的)。

(7)避免延长设备空转时间,制定空转时间政策并检测。通常公路车辆空转每小时消耗2.0~2.5L燃油。研究表明,在3min内关闭和重新启动的发动机是经济有效的。

(8)限制运输车辆的速度,使车辆在经济的油量范围内运行,考虑复位发动机调速器(也可在需要时在重型设备上使用)。

(9)油箱装到95%满,留有膨胀的空间,也可减少溢出。

(10)新设备购买应考虑选择最高效的发动机,评估设备使之能以最高效的负荷运行。

(11)可能情况下,选择高效能燃料,如低硫柴油、生物柴油、天然气[1]。

(12)车辆或机械设备应定点停放、定点维修,停放和维修区域应进行铺面硬化。

(13)沥青拌和楼的能耗受到多种变量的影响,如环境温度、集料含水率、燃烧系统的效率。拌和楼节能最重要的是使所用燃料最大限度地发挥效率。下面列出了保持或提高沥青拌和楼能耗效率的运营措施:

①每天记录能耗使用情况;使用拌和楼能耗记录系统,记录主要天气情况或安装油表。使用时比较油表读数和燃烧器应燃烧的数量。

②尽可能减少整个系统的漏气情况。

③执行漏气探测和修复程序。

---

[1] 美国环保署的重载公路柴油计划要求公路柴油硫含量降低97%,最大排放水平15ppm。在超低硫柴油计划下,新款柴油发动机都配备硫敏感性技术。车辆可以在加油站添加超低硫柴油。新款柴油发动机配备超低硫柴油,其排放量可以得到降低。新款发动机相对于使用20年的发动机,颗粒物排放可减少90%,氮氧化合物可降低50%。因此,应采用新发动机及时更换陈旧发动机,符合现行排放标准。

④考虑使用绝缘热管道和油罐——廉价、简单的节能方法(所有的绝缘材料应是防水材料)。

⑤定时替换导热媒介(线圈和散热片)。

⑥每年对固定式拌和楼的燃烧器进行标定;变动移动式拌和楼的安置位置也应对燃烧器进行标定。

⑦确保排气风扇和阻尼器控制能协同工作,提供在所有生产速率和环境空气温度下正确的燃烧空气量。

⑧保证生产温度符合沥青生产温度表。

⑨集料应覆盖,储料仓里的集料应减少淋雨,尽可能使集料自然风干。

⑩保证空压机在最低可行的气压下运行。

⑪采用100%密封的空气燃烧器替换开放式燃煤机组,可节能10%~20%。

⑫考虑替换拌和楼或主要部件,确保生产能力合理。若拌和楼可容纳稍后日期内更大生产量,则可在部分负载的情况下运行,此时拌和楼能耗相对于按照设计能力运行不那么经济。

⑬沥青加热要消耗大量燃料,煤炭由于运输和储存方便,价格便宜,但煤炭燃烧产生大量废气、烟尘,污染环境,影响生态环境。相对而言,气体燃料燃烧性能优良,环境污染有限,可以替代煤炭作为沥青加热燃料。

7 化工和石油产品管理

拌和站通常需要储存和使用多种化工和石油产品。液体化学添加剂一般储存在塑料容器里。柴油、机油、液压油以及其他石油产品一般储存在地上储存罐或地下储存罐。拌和站通常也储存一定的清洗溶剂、货车洗涤品(一般含酸)、防冻剂和电池等。如果处置或储存不当,这些产品泄漏或飞溅可能损害环境,也会造成一定的经济损失。可采如下管理措施,减少环境影响风险。

(1)合理设计和维护化工和石油产品储存设施,并结合储存罐和转运点处的监测和故障安全装置,减少泄漏和溢出的风险。

①所有地面储存罐和地下储存罐应有溢出警报系统。

②地面储存罐或地下储存罐应有泄漏控制装置。

③加油点应有分离软管连接装置。

④车辆/设备加油区域应进行铺面硬化。

⑤加油点应有充分的照明。

⑥加油点的紧急开关标签应足够清晰。

⑦拌和站周边或至少所有的石油产品储存罐、泵、管道和软管应设置安全

护栏。

⑧地面储存罐应设置防撞设施。

⑨外加剂储罐应储存在覆盖或隐蔽的位置。

⑩所有储罐应清楚注明所储存的物品名称。

⑪应有合理的泄漏清洗措施和足够的泄露清洗设备。

⑫应急响应设备、材料和应急泄漏工具箱应在合适位置妥善保存。

(2)合理设计和保存二次控制容器是预防化工和石油产品泄漏的最有效措施。二次容器是一种非渗透性结构物，容积足以容纳最大单个容器容量加上降水量(如果二次容器是露天置放)。地面储存罐的二次容器结构物通常是现浇混凝土墙、混凝土砌块墙、双壁罐和土堤坝。二次容器的作用在于可以防止化工和石油产品泄漏，以免污染周围水体和土壤。所有化工和石油产品二次容器的尺寸应合理，所有二次容器排放点应有锁定阀。

(3)为确保拌和站的安全运营，有必要将关于化工和石油产品的处理方法对员工进行培训。同时建立应急响应程序使得员工在面临泄漏或其他突发情况时能够从容应对。

对于新员工进行化工和石油产品处理的安全培训应作为例行事项。另外，对于经常涉及处理化工和石油产品的员工应每年一次或每半年一次进行培训。应制订正式培训计划并定期进行检查更新。化工和石油产品员工培训计划应包括：

①产品安全技术说明书中的术语以及说明书的位置。

②化工和石油产品的现场使用计划和储存位置。

③化工和石油产品的书面安全和操作要求。

④泄漏响应以及个人防护装置。

⑤泄漏发生时的书面联系人清单。

张贴化工和石油产品应急响应程序应包括：

①书面的应急联系人清单(包括24h电话号码)或其他应急联系方式。

②泄漏或溢出发生时的口头和书面通知要求。

③指定泄漏发生时的协调人以及备选的协调人。

④泄漏发生时的逐级响应程序。

8 施工废弃物管理

施工阶段不可避免地会产生施工废弃物，应对这些废弃物进行合理分类、处理，进行最大限度地再利用和回收。

施工过程应尽可能地减少现场施工人员由于失误、计划错误、损坏、违反规程、污染或其他因素产生的施工废弃物。

所有的施工废弃物应存放在指定的施工废弃物存放点，废弃物存放点面积应大于50m^2，并立公告牌注明相关性息，包括废弃物的产生、识别、处理和废弃物的管理制度等内容。

废弃物存放点的选址，需要考虑到废弃物的回收和分类处理，以便在施工现场产生的废弃物能更方便地被再利用和回收，减少垃圾的掩埋数量。使用记录表格来跟踪和监控材料的回收数量。

废弃物存放点区域按照材料类型进行划分，在各区域之间用木模板封闭、隔离。

当施工现场产生的废弃物运至废弃物存放点以后，进行识别、称重并分类存放在相应位置；现场的施工废弃物大多数应进行再利用和回收处理。由业主和当地政府指定的有资质回收机构运送处理的废弃物宜不超过的废弃物总量的15%。

现场的大宗原料堆放点不应混有其他原材料。场地要有相应的坡度，利于排水，并覆盖以防止灰尘。

对固体废弃物制订并实施正规的现场回收方案，将其作为拌和站现场管理的一部分。现场回收方案须制订不同种类废弃物的回收方案、负责人员、监管方式、回收方式及处理方案，须包含以下内容（但不限于此）：

（1）路面施工过程中产生的废弃物的类型、数量、加工过程（包含路面再生材料的处理方式），或者处理设施、处理地点，其主要包括（不限于此）：

①摊铺过程的废料（热拌沥青混合料，水泥混凝土）。

②路面再生材料（沥青、水泥、集料）。

③破碎的废料、脱落和磨损的混凝土、石料。

④额外的钢筋以及其他金属材料。

⑤额外的塑料管和包装。

⑥挖方土和石料。

⑦清理的表层碎石和土。

⑧施工过程中的木材以及废纸（比如：包装材料、硬纸板）。

（2）项目管理过程产生的废弃物的类型、数量、加工过程或处理设施、处理地点[包含处理可再生的活动板房（包括拖车、现场办公室）材料以及个人工作生活废物]，主要包括（不限于此）：

①文件、复印件、其他纸类等。

②塑料制品。

③铝以及其他家用的金属器物。

④玻璃制品。

⑤日常垃圾或者排泄物等。

施工单位在开工前要做好申报工作,垃圾处理可委托环卫部门妥善处置,不得逃避监管,擅自倒入河道或居民生活垃圾容器。

施工结束后,要对临时占地设施进行全面清理。在临时生活区内应对施工人员进行环卫教育,不要乱扔垃圾,乱丢废弃物,创建文明卫生生活区。

9 噪声污染防治

噪声对拌和站及周边的影响必须予以重视,拌和站布局或建设时应考虑到周边环境、场地地形、植被以及风向。应制订一个合理的噪声管理计划,控制每天特定时间段的噪声水平满足既定目标。执行这个计划时应在不同位置和不同时间进行噪声测试。

合理进行拌和站选址,拌和站应尽量布置在偏僻处,并远离居民区、学校、医院等声环境敏感点,距离居民区一般应不小于200m,难以选择合适地点的,应采取封闭隔音措施,并对机械定期保养,严格执行操作规程。

合理安排施工时间,夜间尽量不进行施工或安排低噪声施工作业。噪声声级高的施工机械在夜间(22:00~6:00)应停止施工。邻近学校路段施工,应尽量在学校放假期间从事高噪声的施工活动,也可采取临时防护措施,如安装隔声围栏等。若因特殊需要连续施工的,须事前得到有关部门的批准,并同时做好居民的沟通工作。进行夜间施工作业的,应采取措施,最大限度减少施工噪声。对人为的施工噪声应有管理制度和降噪措施,并进行严格控制。承担夜间材料运输的车辆应减速缓行,采取灯光和指示标识引导车辆,严禁鸣笛。装卸材料应做到轻拿轻放,最大限度地减少噪声扰民。

施工期应协调好施工车辆通行的时间,在既有交通繁忙的情况下,工程建设方、施工方及交管部门应加强沟通、协调工作,避免交通堵塞;材料运输道路尽量避免穿越乡镇及村庄,将施工噪声的影响降低到最低限度。

优化施工方案,合理安排工期,将建筑施工环境噪声危害降到最低程度,在施工招投标时,将噪声防治措施列为施工组织设计内容,并在合同中予以明确。

施工机械和运输车辆要加强维护和保养,保证良好的技术状态,不仅降低了施工噪声,还可延长设备的使用寿命。施工期严格控制施工机械操作人员连续作业时间,采取防护耳塞或头盔等个人降噪防护措施。

合理进行场区植被种植;合理建设护道、墙体等声屏障设施。

10 生物多样性

应了解拌和站建设与周围动植物之间的关系，执行拌和站栖息区改善计划，提升所在区域以及整个生态系统的生态和功能价值。应对员工进行生态保护教育和培训，识别和管理外来、入侵的生物物种，根据实际情况改善湿地/池塘，制订计划或采取措施尽量不影响当地的动物、鸟类、昆虫等。

附录 2

绿色公路典型应用技术简介

1　节能减排类

节能减排就是节约物质资源和能量资源，减少污染物排放。在高速公路建设中，要求达到节能、节材、节水、节地，并控制大气污染和水污染的目的。

1.1　合理选线、优化指标

坚持地质选线的原则，避让不良地质区域，降低施工难度与工程量，显著降低施工能耗。

坚持地形选线的原则，路线布设与地形相协调。路线走向尽量与河流、山川相吻合，不强拉直线，硬性切割地形，顺势而行，线形连贯，平顺平滑，自然流畅，给人良好的视觉效果；在满足安全视距的情况下，灵活运用直线和曲线的组合，利用地形的起伏，使驾乘人员的视线随着沿途的景观连续运动，移步换景，既克服单调而引起的视觉疲劳，又增加了乘车的舒适性。

贯彻环保选线的原则，减少高填深挖、降低边坡高度，减少项目对自然环境的破坏及对生态系统的干扰。在平纵面设计时，要灵活运用曲线以适应地形，合理确定适应地形的指标，不片面追求高标准。

坚持绕避基本农田的原则，山区的耕地为稀缺资源，是沿线居民赖以生存的基础，选线的过程中应尽量绕避，减少耕地的占用，并预留通道方便进出耕作。无法避免占用的情况下，应采用耕作土剥离及再利用技术在沟谷或其他合适地形位置新造农田，以供当地居民使用。

1.2　温拌沥青混合料技术

温拌沥青混合料是一种拌和温度介于热拌沥青混合料(150～180℃)和冷拌沥青混合料(10～40℃)之间、性能达到热拌沥青混合料的新型沥青混合料。目前国内外温拌技术共分为 3 类：化学工艺法、泡沫工艺法和有机添加剂法。温拌沥青路面技术的益处如下：

(1)符合环保、可持续发展或者“绿色施工”的理念,特别是减少能耗和 CO_2 排放。

(2)改善现场压实。改善压实有利于延长施工季节,使得长距离运输沥青混合料成为可能,适合低温条件下沥青路面的施工。

(3)减少工人接触不良物质,改善工人作业条件,适合长隧道沥青路面的施工。

目前我国采用的主要温拌技术路径是化学工艺法和有机添加剂法,材料价格昂贵且几乎全部依赖进口,制约了我国低碳沥青路面修筑技术的推广应用。机械发泡温拌沥青路面技术几乎不增加工程造价,前期研究表明,其性能与普通沥青路面基本相当,尤其适用于中、长以及特长公路隧道沥青路面的施工,可有效改善隧道内施工工作环境。温拌沥青混合料技术的应用如附图 2-1 所示。

附图 2-1　温拌沥青混合料技术的应用

1.3　橡胶沥青路面技术

经济高速发展导致出现大量的废旧轮胎,对社会环境造成了一定的污染,废旧轮胎经过处理后与沥青结合使用,可为沥青路面技术和环保提供新的解决方案(附图 2-2)。橡胶沥青胶结料含量高,弹性好,抵抗裂缝能力强,橡胶沥青应力吸收层是国际公认的抗反射裂缝最有效的解决方案。橡胶沥青具有较强的抗高温车辙能力与很高的黏度,黏结作用较强,可防止水损,而橡胶本身也具有可塑性及延展性,能明显提高低温脆裂的能力。

附图 2-2　废旧橡胶粉的应用

橡胶沥青路面也是道路降低噪声最有效的手段之一，与普通沥青路面相比，可降低 3 ~ 8 个分贝，相当于减少交通量 80%，是国际公认噪声最小的道路。同时橡胶中的炭黑能够使路面长期保持黑色，加之橡胶沥青路面表面比普通路面粗糙，一定程度上提高了制动阻力，大大增加了行车安全。

1.4 沥青拌和站"油改气"技术

沥青拌和站通常采用燃料油作为燃料，这具有一些弊端：一是燃料油燃烧不够充分，产生的油烟除了对环境有污染外，还会造成燃烧装置、除尘布袋等的污染，缩短设备使用寿命，且清洗维护极不方便；二是燃料油中的杂质含量较高，热值含量不稳定，隐形耗费较大。

沥青拌和站"油改气"（附图 2-3），即用天然气取代燃料油、柴油等作为燃料，减少了燃料油的采购、运输、储存、加温等繁杂环节，降低了成本。液化天然气具有热值含量高，单位成本低，燃烧充分等特点，沥青拌和站在启用"油改气"技术后，能节约燃料成本，降低废气排放，减少燃烧装置损坏，也不会对除尘布袋产生污染，具有很高的经济价值和社会效益。沥青拌和站"油改气"技术几乎适用于所有沥青拌和站，尤其适用于天然气供应比较充沛，以及空气污染压力较大的地区或城市周边。

附图 2-3 沥青拌和站"油改气"技术的应用

1.5 泡沫轻质土在路基中的应用

现浇泡沫轻质土是土建工程领域中近年开发的一种新型轻质填土材料，它是指用物理方法将发泡剂水溶液制备成泡沫，与水泥基胶凝材料、水、外加剂按照一定的比例混合搅拌，并经物理化学作用硬化形成的一种轻质材料。类似的材料有日本的"气泡轻量土"，国内的"泡沫混凝土"等。就硬化成型的过程而言，泡沫轻质土、气泡混合轻质土与泡沫混凝土并无本质区别，但泡沫轻质土的原材料（如集料及掺和料）可用范围更广，力学性能介于土与混凝土之间，使用功能更侧重于替代常规土或砂（不是作为混凝土）用于各种填充或充填。根据工程的需要，现浇泡沫轻质土中泡沫的含有率、重度及强度可分别在 15% ~ 70%、5 ~ 16kN/m^3 及 0.3 ~

8.0MPa 范围内调整。

泡沫轻质土适用于桥梁桥台台背地基处理解决桥头跳车问题(附图 2-4、附图 2-5),适用于软基、施工作业高度受限或桩基础加固地基无法实现的路段处理。其在桥梁桥台台背回填工程中的优势如下:

(1)可大幅降低填土荷载,减少地基的附加应力,抑制地基的不均匀沉降和侧移,提高路基的稳定性。

(2)可缓解桥台与台背路基的刚性突变。

(3)有效消除填料自身的工后沉降问题。

(4)填料具有自立性,对桥台结构物几乎没有推挤作用。

(5)施工时自动密实,无须振捣和碾压,能有效解决台背压实难问题。

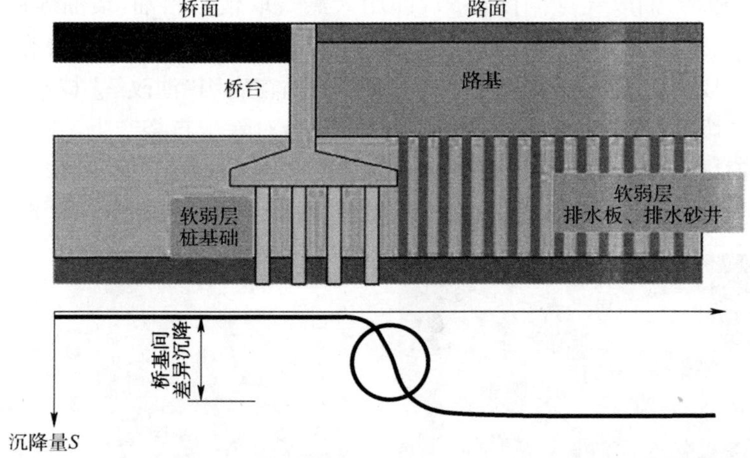

附图 2-4　桥台台背处沉降示意图

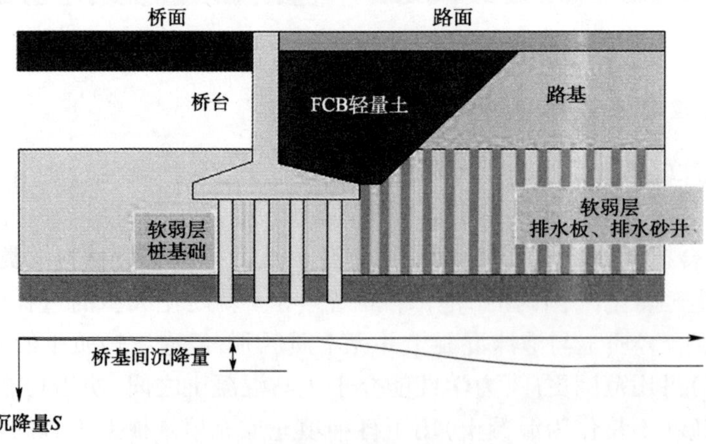

附图 2-5　桥台台背处沉降示意图(采用泡沫轻质土)

1.6 机制砂在结构混凝土中的应用

混凝土目前是人类最大宗的建筑结构材料，砂（包括天然砂和机制砂）是混凝土的主要原材料之一。天然砂是一种分布不均衡的地方性资源，短期内不可再生，也不便于长距离运输，在岩溶地区尤为匮乏。随着混凝土用量的增大，以河砂为主的天然砂已经无法满足需求，同时过量开采天然砂资源对环境造成的压力也在日益增加，使用机制砂替代河砂在国内外已成为混凝土行业可持续发展的一种趋势。

国标上对机制砂的规定为：经除土处理、机械破碎、筛分制砂，粒径小于4.75mm但不包括软质风化岩石的颗粒。机制砂的原材料一般为砂岩、石英砂岩、河卵石、石灰石、玄武岩、花岗岩等。机制砂混凝土由于存在一定数量的石粉，使得机制砂混凝土的和易性得到改善；适量的石粉还能起到填充作用，有利于提高机制砂混凝土的强度和抗渗性能，但不同强度等级机制砂混凝土对应最佳石粉含量不同。附图2-6为不同矿的含水状态。

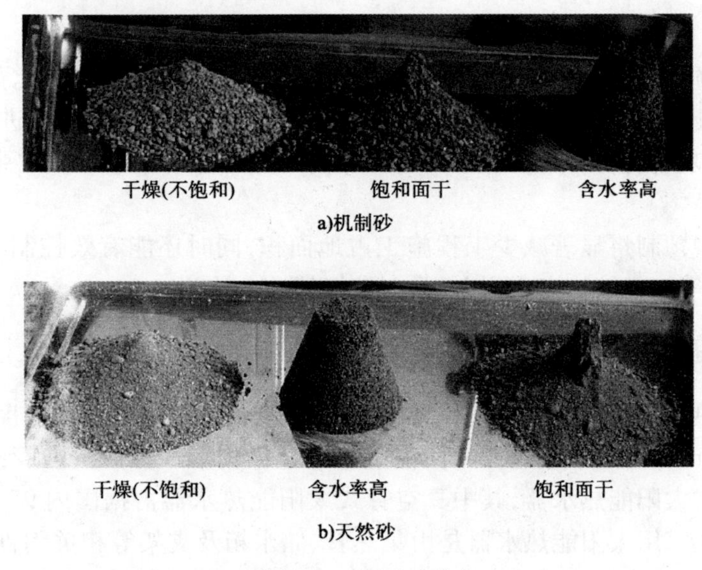

附图2-6 砂的含水状态

近年来，国家加大铁路工程、高速公路、市政建设等基础设施的投入力度，天然河砂越来越紧缺，价格上涨较快，给工程投资带来巨大压力。而且运距较远，有的项目因供砂困难影响到工程施工进度。使用机制砂不仅可以就地取材，节省投资，还可以有效带动地方经济，特别是利用隧道弃渣，还可以保护环境，变废为宝。这都说明，机制砂的采用在缺砂地区的工程建设中具有巨大的社会价值和经济价值，极具推广意义。

1.7 梁板集中预制

采用梁板集中预制模式(附图 2-7),实行梁板专业化、规模化生产,更加有利于标准化的实施,工程质量能够得到更好控制,使整个项目施工管理更加有序、规范。集中预制与分散预制的对比主要优势包含在两个方面:便于质量控制,符合交通运输部提出的标准化、专业化生产的要求;综合成本低。主要缺点协调主线标段和预制标段的施工进度,梁板的运输架设。

附图 2-7 桥梁肋板及顶板集中预制

在集中预制过程中预制场集中推广应用一批新设备、新工艺,比如广泛采用高性能混凝土、自动喷淋养生,钢筋数控加工、智能张拉、压浆等先进技术,引入梁板身份证制度、第三方检测及工地视频实时监控技术,进一步加强了梁板的质量。

梁板集中预制将显著减少工程施工占地面积,同时还能有效控制梁板预制质量,确保桥涵等工程结构安全耐久,具有较好的社会效益。

1.8 太阳能热水器应用

太阳能热水器把太阳光能转化为热能,将水从低温度加热到高温度,以满足人们在生活、生产中的热水使用。太阳能热水器按结构形式分为真空管式太阳能热水器和平板式太阳能热水器,其中真空管式太阳能热水器占据国内 95% 的市场份额。真空管式家用太阳能热水器是由集热管、储水箱及支架等相关附件组成,把太阳能转换成热能主要依靠集热管。集热管利用热水上浮冷水下沉的原理,使水产生微循环而达到所需热水。

太阳能热水器适用于太阳能资源较丰富的地区,高速公路沿线建筑相较于普通民用公共建筑,单体面积小,分布点位广,天然气供应不便,供电成本高,电力传输损耗大。因此,采用太阳能热水器来替代传统电热水器有利于节约资源,保护环境;降低建筑的全生命周期成本;提高使用者的舒适度,减少对集中供电线路的依赖,提高自身工作的稳定性。

1.9 LED 节能灯应用

发光二极管(Light Emitting Diode,简称 LED),是一种能够将电能转化为可见光的固态的半导体器件,它可以直接把电转化为光。LED 灯的能耗仅为白炽灯的 1/10,节能灯的 1/4,寿命可达 10 万 h 以上。

国外从 20 世纪 40 ~ 50 年代就开始进行高速公路设施照明技术的研究,技术相对成熟。目前 LED 节能灯已经成为各国高速公路、隧道、城市道路照明的重要设备。LED 节能灯代替传统照明在高速公路中的应用不仅具有巨大的经济效益,而且能够实现节能减排目标,有助于解决环境污染和能源再生问题。

1.10 标准化绿色施工

1.10.1 方案概述

坚持科学发展、规范管理,构建高速公路标准化施工管理体系,细化标准化管理实施细则,促进工程管理制度标准化、人员配备标准化、工地建设标准化、施工工艺标准化和过程控制标准化,全面提升项目建设管理水平和行业文明形象,以标准化要求来保障工程优质高效顺利建成。

绿色施工包括施工管理、环境保护、节材与材料资源、节水与水资源利用、节能与能源利用以及节地与施工用地六个方面。其中节材、节水、节能、节地是绿色施工的主要内容,目的是节约能源、实现环境保护,保障是通过合理的组织、规划、实施管理制度。

1.10.2 实施内容

(1)制定标准化管理体系制度,并制定实施细则暨达标考核办法,明确施工标准化的有关措施和要求,主要从管理制度、人员配备、工地建设、施工工艺和过程控制五个方面提出了标准化具体要求,使标准化施工制度化、规范化和常态化。

(2)推行五个标准化达标验收认证。制定了《开工前标准化工地达标验收标准》《平安工地达标验收认证标准》和《档案室标准化达标验收认证办法》,下发“关于加强工地试验室认证管理的通知”,实行了标准化工地建设、平安工地建设、档案室建设、标准化管理体系和工地试验室专项验收,建立统一、规范、有序的施工标准化管理体系。

(3)制定施工过程标准化控制标准,各施工单位制定关键工程标准化工法,形成了针对性强的口袋施工作业书,确保整个建设过程标准有序。

(4)积极推广应用标准化施工中成熟的工艺、工法,将各项工序细化、量化、标准化,便于操作和执行。

(5)实施绿色施工,应进行总体方案优化。在规划、设计阶段充分考虑绿色施工的总体要求，为绿色施工提供基础条件。实施绿色施工，应对施工策划、机械与设备选择、材料采购、现场施工、工程验收等各阶段进行控制，加强对整个施工过程的管理和监督。根据建设绿色循环低碳公路的总体目标要求，进行任务分解，根据节材、节水、节能、节地、环境保护等类别将目标值细化到每个阶段和每个标段。

1.11 隧道节能智能控制系统

在山区高速公路建设中，隧道所占比例很大，建成通行后公路隧道用电费支出很大。目前LED照明灯已越来越多地应用于隧道照明系统中(附图2-8)，与传统的光源相比，LED灯具有低压、低功耗、高可靠性、长寿命等优点，是一种符合环保、节能的绿色照明光源。

附图2-8 LED灯照明效果

为了进一步发挥LED照明的技术、经济优势，在采用LED作为隧道照明时，应注意根据实际情况优化照明设计布灯方案，完善控制策略和控制手段。LED灯的驱动电源可以接受调光控制信号，通过调整输出电流控制LED灯的光输出，这一特点使得我们可以通过采用更为完善的控制技术来降低照明能耗，提高系统的技术水平(附图2-9)。如利用LED灯可以迅速启动的原理，在隧道开通初期，交通量较低的情况下，判断是否有车辆进入隧道，确定照明灯具的启、闭，已达到一定的节能效果。

通风是公路长隧道运营中的“耗能大户”，长隧道越多，风机用电量越大，因此实施节能通风意义重大，可从隧道通风系统设备选型和通风系统节能控制两方面实施隧道通风节能。在设备选型方面，采用新型的香蕉形射流风机替代传统射流风机(附图2-10)，根据理论计算，22kW香蕉形射流风机替代30kW传统射流风机，可以较大降低风机的配置功率。新型的香蕉形射流风机改变了传统射流风机与消音器位于同一轴线上的形式，将风机两端的消音器向下方车道处小角度倾斜(与风机轴线夹角一般≤7°),减少空气射流与隧道壁面的摩擦损失,从而可以较大提高风机的通风效率。

附图 2-9　隧道 LED 照明智能控制系统

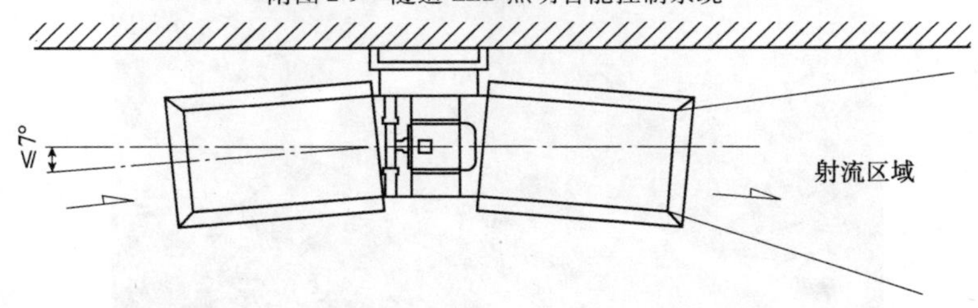

附图 2-10　香蕉形射流风机示意图

在通风节能控制方面,采用变频控制方式。变频器调速根据现场检测来的信号,及时反馈给中央控制系统,将原来整流过的直流电,通过逆变器改变电源频率输出。同时,根据隧道的需风量控制隧道轴流风机,变频调速控制在满足隧道控制标准的条件下,尽量减少风机开启台数和风机频繁启动,延长风机的使用寿命和实现隧道运营通风变频节能。

1.12　光伏发电技术的应用

随着公路隧道建设的发展,隧道照明设施的规模及数量也越来越大,隧道的运营电费和维护费用也越来越高。分布式光伏发电指采用光伏组件,将太阳能直接转换为电能的发电系统,倡导就近发电,就近并网,就近转换,就近使用的原则,可有效提高同等规模光伏电站的发电量,具有污染小、发电用电并存的特点,近年来已被逐渐应用到公路隧道的供能系统(附图 2-11、附图 2-12)。

光伏发电系统分并网型和离网型两种。离网型光伏发电系统需增设储能系统(通常为铅酸蓄电池),初期投资较并网型系统增加 30% ~50%,蓄电池在 3 ~5 年后需更换,后期维护费用较高。

附图 2-11　分布式光伏电站实际应用

附图 2-12　分布式光伏电站顶部安装示意图

1.13　合理建设单侧服务区

山地建筑的特征需要更合理地结合地形，对于开场性较强、面积较大的服务性用地就需要更为平整的场地，以方便停车和进行更加直观的功能指引。如大面积开挖，在服务区边缘和自然山体结合的地方无疑就要增加大量的护坡、挡墙，在地形险峻区域甚至增加更多费用做抗滑桩，而这笔费用往往会被忽略。因此，服务区选址尤为重要，对后期的建设及实施的可行性有着决定性的作用，应该尽量避开较为险峻的山体，可通过立交匝道连接高速，选择较为平缓成熟的地段，更有利于建设和后期维护。

在适当的条件下，可实施单侧服务区（附图 2-13、附图 2-14）。服务区的单侧集聚式布局更易于精炼管理人手，集中服务设施资源，总体上看有利于节约运营成本，且单侧集聚式布局由于土地集中到一侧，更易于进行分区规划，形成规模经营，有利于吸引道路使用者。单侧服务区可以更加融入周边地形，适用于山区地形。

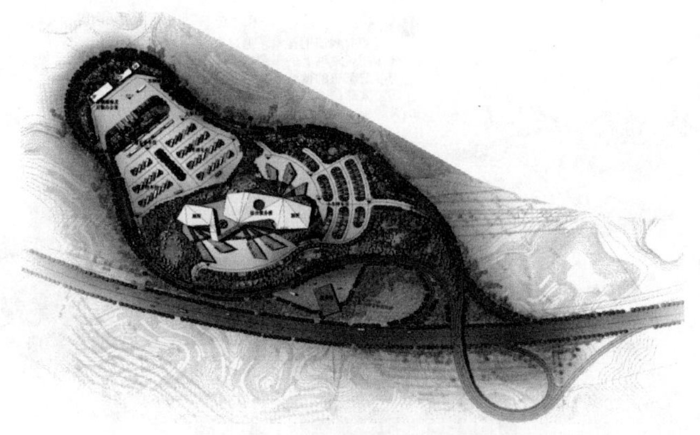

附图 2-13　某单侧服务区总平面图

附图 2-14　某单侧服务区鸟瞰图

单侧服务将双向来车通过立交汇入环绕服务区的单向车道，通过单向车道上的不同入口将大小车辆导向各自的停车场。车辆驶离时通过不同的出口汇入环绕服务区的单向车道并通过立交驶离。为解决车辆回头的问题可采用机电增加识别器或通过总图规划将双向来车强制隔离的方法来实现。

1.14　电子不停车收费系统

电子不停车收费系统（以下简称 ETC）是智能交通系统的一个重要组成部分，是采用现代通信、计算机、自动控制等高新技术为主要特点，实现公路不停车收费的新型收费系统（附图 2-15、附图 2-16）。驾驶员只要在车窗上安装感应卡并预存费用，通过收费站时便不用人工缴费，也无须停车，通行费将从卡中自动扣除。这种收费系统每车收费耗时不到 2s，其收费通道的通行能力是人工收费通道的 5～10 倍。ETC 由于自身优势已成为国际上公路收费技术发展的主要趋势，其具有两大特征：一是采用高新科技实现收费电子化；二是实现了公路的不停车收费，也称为不停车自动收费，继而可以降低车辆怠速燃油消耗并减少环境污染。

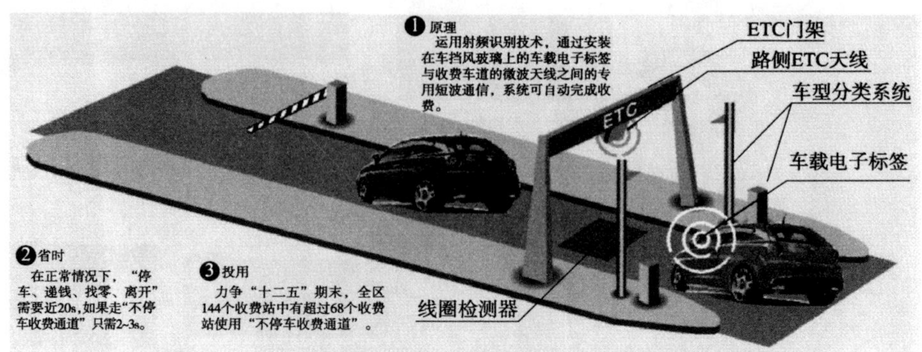

附图 2-15　ETC 系统收费示意图

附图 2-16　ETC 收费站

1.15　地源热泵

浅层地热能是赋存在地球表层岩土体或地表水中的低温地热资源，是一种新型的优质清洁能源，具有可再生、分布广、储量大、清洁环保、经济实惠、安全性强和可用性强等特点。

地源热泵工作原理是：冬季，热泵机组从地源（浅层水体或岩土体）中吸收热量，向建筑物供暖；夏季，热泵机组从室内吸收热量并转移释放到地源中，实现建筑物空调制冷。根据地热交换系统形式的不同，地源热泵系统分为地下水地源热泵系统和地表水地源热泵系统和地埋管地源热泵系统（附图 2-17）。

1.16　能耗统计监测与管理制度建设

高速公路施工期能耗统计监测与管理是在高速公路工程项目管理过程中，充分利用制度体系，秉着实用、直观、简洁、有效节约的原则，实现建设项目科学、高效、严谨的管理模式，确保建设项目在质量、安全、进度、环保等方面规范化、标准化，减少重复劳动、避免资源浪费、提高管理效率。

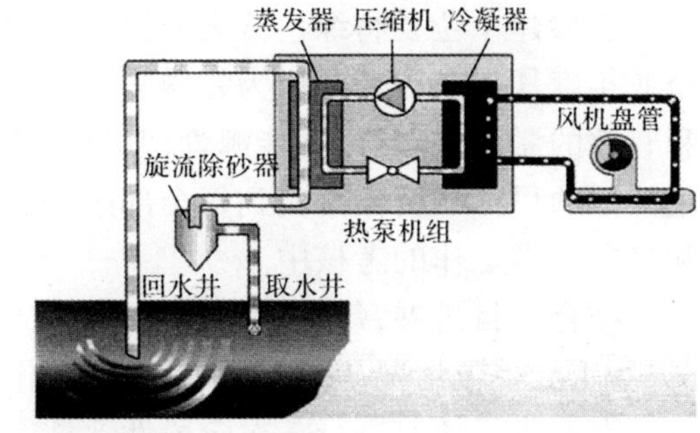

附图 2-17　地源热泵

(1)建立节能减排统计监测体系

为了切实开展高速公路施工节能减排,可建立一套针对施工能耗监测与管理的制度,按相应标准对有关能耗数据进行科学统计、计算与分析,及时、准确、客观地掌握各阶段、各标段、各项设备的能源消耗情况,有助于工程统筹安排,优化组织,提高效率,达到节能减排目的。

(2)建立能源监测统计考核制度

制定能源监测统计考核管理制度,建立完整、统一的能源消耗量统计上报制度。在项目建设单位内形成相关能耗监测制度文件,指导各合同标段企业建立能耗统计台账,全面加强能源利用的计量、记录和统计,如实提供天然气、汽油、柴油、燃料油、电力等能源品种消费量、机械台班数量以及工程进度的相关统计数据,并与信息化管理相结合,利用信息管理平台进行实时统计,准确分析能源消耗与工程实施中影响因子间的相互规律,从而为监测管理,施工标准化程序服务。

建立科学有效的能耗统计指标和碳排放监测体系。在建立健全能耗统计指标体系的基础上,通过对各项能耗指标的数据质量实施全面监测,评估各试点项目主体能耗数据质量,客观、公正、科学地评价节能减排工作进展,全面、真实地反映试点项目成效。在各标段企业内建立评估报告,方便对各标段工作展开系统、高效评估。加强对各项指标数据质量的动态监测,不断完善主要监测指标的核算机制,不定期对低碳试点项目进行检查和巡查,加强能源计量监督检查,确保各项数据的真实、准确。

设立施工单位能耗考核和环境保护专项奖惩资金,定期开展节能减排和环境保护的专项检查和评比,根据能耗监测数据、专项检查评比结果等确定专项奖惩资金的发放。

(3)建立节能减排目标责任评价考核制度

建立节能减排目标责任评价考核制度,实行绿色循环低碳公路试点工作目标责任制和问责制。按照“一把手负责制”原则,试点工作的各参建单位“一把手”要亲手抓,负总责,直接督办各项具体任务的实施进度和落实情况。

各参建单位要将绿色低碳公路建设目标和任务纳入本单位重点工作,并且将企业年度任务完成情况作为领导考核的重要指标之一。建立严格的节能管理制度和有效的激励机制,设立能源管理岗位,建立节能减排监督员制度,将节能降耗、绿色环保的目标和责任落实到每个部门、班组和个人,将其纳入各级工作岗位的职责和日常管理工作的考核中。

结合项目进展,每季度公布一次各试点项目能源资源消耗情况、项目进展情况、各用能单位情况,并在每季度试点工作联席会议上进行通报。实施期间每半年对本方案执行情况进行一次阶段性评估。

2 资源节约与循环利用类

资源循环利用强调了对废弃资源的重新整合及再次使用,控制对资源,尤其是不可再生资源的开采浪费。在高速公路建设中需要重点关注土石方、水、电网资源的节约和循环利用。对于存在大量高边坡及挖方路堑的高速公路,建设过程中必然会产生大量的废弃土石方,如何处理和再利用这些资源也是建设绿色公路所必须面对的问题。

2.1 沿线弃方资源再利用

沿线弃方资源再利用技术以广西乐百高速公路工程建设实践为例简要说明。

方案概述:

广西乐百高速公路勘察设计第一合同段全长51.9km,起点位于黔桂两省(区)交界处,终点位于乐业县城东,途经地形均为低山地貌区,地形起伏较大,桥隧比高达62%,隧道长约16.7km,总弃方量巨大。勘察设计阶段针对沿线弃方从总体设计、综合利用以及合理弃置三方面进行了综合考虑。

(1)总体设计

路线方案总体设计是弃渣产生的源头,合理确定总体设计方案,控制填挖工程规模,尽量做到填挖平衡,避免出现大量弃渣。

如乐百高速第TJ-04合同段那立隧道出口段(附图2-18),路线沿狭窄沟谷布线,两岸岸坡陡峭,为避免侵占堵塞谷内原有路系、水系,初步设计采用了多座桥梁方案通过,挖方高边坡及桥梁工程规模大。此外,那立隧道长3 146m,采用双向掘进,单侧出渣量约达31.4万m^3,加之本段附近并无适宜的弃渣场地,导致大量弃渣需远运弃置,不符合资源节约、生态环保的建设理念。

施工图设计阶段对本段总体设计方案进行了优化,将沿沟整体式路基改为分离式路基方案通过,沿两侧岸坡挂线,将初步设计的桥梁方案改为填方路堤方案通过，原有水系（设计流量 172.8m^3/s）改至左右幅路基中部通过，大量消化了隧道及沿线挖方边坡的弃渣，从总体设计方案方面对弃渣进行了消化减少（附图 2-19）。

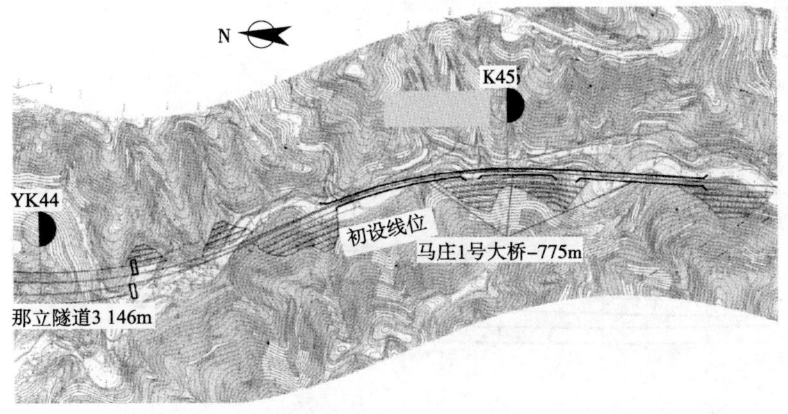

附图 2-18　那立隧道至马庄段初步设计方案平面图

附图 2-19　那立隧道至马庄段施工图设计方案平面图

（2）综合利用

除了从总体设计角度对弃渣量进行消化控制外，受地形或隧道工期影响，不可避免仍存在大量弃渣，如何处治弃渣主要从以下几个方面考虑：

地方规划：两阶段外业勘察中，当路线方案稳定后，将沿线弃方情况与地方相关部门做充分沟通，咨询地方有关新农村建设用地、乡镇规划、修筑水库堤坝、道路、沟渠、改荒为地等相关规划，若地方存在用土规划，则将弃渣与地方用土结合起来，设置临时弃渣场以便后期转运，如此可“变废为利”，实现废弃资源有效整合、节能、减排，避免土地资源的浪费及对生态环境的破坏。

乐百高速公路两阶段外业勘察过程中充分征求了县、乡政府意见，咨询并收集了地方相关规划情况，并与地方政府签订了取弃土协议。

反压护道（附图 2-20）：山区高速公路路基方案中，受沿线地形复杂制约，不可避免出现较多的陡坡填方路堤，为保证陡坡路基的稳定，往往需要采取支挡、加筋等治理措施，当稳定性较差时甚至必须将路基方案改为桥梁方案通过，在工程规模加大的同时导致弃渣量进一步加大。

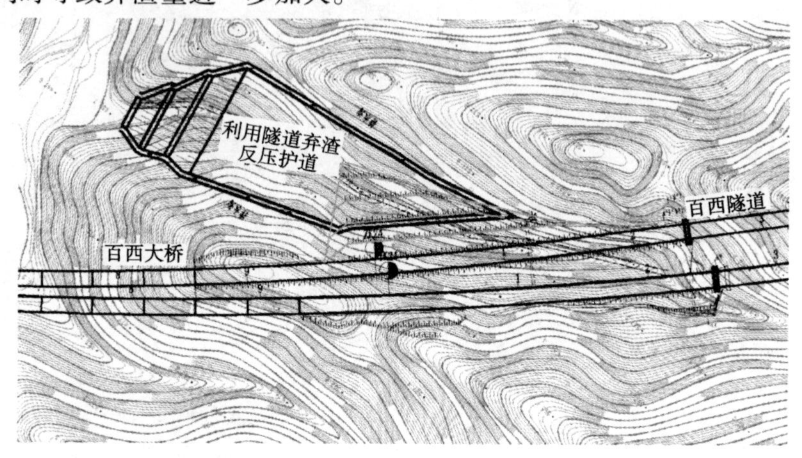

附图 2-20　百西隧道进口反压护道方案平面图

勘察设计中结合前后土石方调配情况、地形情况做综合考虑，条件允许时采用反压护道方案，以保证路基方案稳定，减小或取消治理措施，还能大量消化弃渣，实现弃渣的“变废为利”。如乐百高速公路第 TJ-02 合同段 ZK23 + 960 ~ ZK24 + 180 段，本段路线与沟谷斜交，采用填方路堤方案通过时，横坡陡峭，坡率近 1:1.3，填高较大，直接填筑无法保证路堤边坡沿填土接触面的滑移稳定。本段路基接百西隧道（长 1 446m），隧道进口存在约 14.5 万 m^3 的出渣，且弃置条件困难。为解决以上问题，勘察设计对现场进行了认真调查及勘察，调查显示百西隧道进口沟谷地质条件简单，多处基岩露头，场区稳定性较好，且谷底纵坡平缓，适宜采用弃渣反压护道方案。如此可在消化弃渣的同时，保证路基方案合理可行，降低工程规模。

荒沟改地（附图 2-21）：通常来说，山区高速公路途经地区经济欠发达，相应的改造规划相对欠缺，勘察设计除咨询、收集其相关规划外，有条件时，应在主要道路或村镇周边附近利用弃渣进行荒沟改地，为地方后期规划和发展创造有利条件。

如乐百高速公路第 TJ-4 合同段 K39 + 900 ~ YK40 + 800 段，本段路线平行于省道 S206 布设，初步设计方案为避免占压下方沟谷，采用同福 3 号大桥、那立大桥接那立隧道方案通过。考虑下方沟谷计算流量不大（165.3m^3/s），施工图设计为解决那立隧道就近弃渣、减小本段工程规模，将下方沟谷沿 S206 高程进行整平反压，取消本段桥梁设置，以路堤方案通过，将地沟内地表水通过贴近坡脚设置 2m × 2.5m 梯形改沟排除。

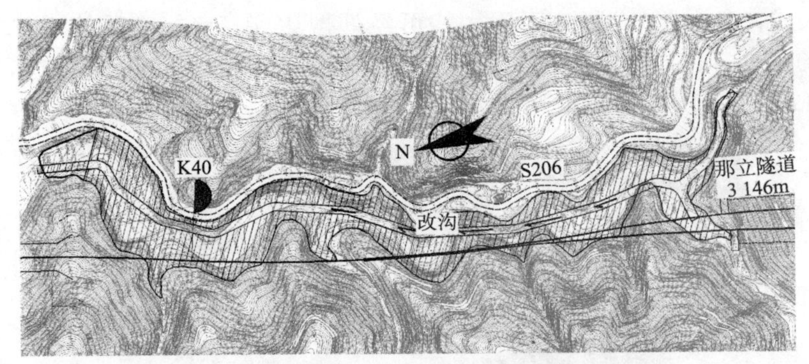

附图 2-21　那立隧道进口"荒沟改地"方案平面图

原有沟谷地表堆积厚度 1 ~ 2m 卵砾石土，河床见基岩露头，基本属荒地，按省道高程改沟整平后，原有荒地得到改善，为后期土地规划或省道改造创造了有利条件，实现了工程规模缩减、合理消化弃渣以及"荒沟改地"的三赢效果。

合理废弃：除应用于地方规划以及综合利用之外的弃渣应从"利我、利他、利生态"三个角度进行选址堆放。

"利我"——即弃渣场选址不应设于主线上方，一旦出现失稳势必影响下方路、桥方案的稳定性，加大工程隐患以及后期治理成本，此外，堆于主线上方也会对行车路容、路貌造成一定程度的破坏。

"利他"——即弃渣场选址不应设于厂矿、民居、重要管线、重要地方道路等上方，避免极端条件下失稳造成生命财产的损失。

"利生态"——即保稳定，弃渣场选址应在查明基底地质条件的前提下选用，确保基底无厚层软弱土等影响弃渣场稳定的不良地质发育，保证弃渣场安全稳定。同时，应注意弃渣场尽量避开主要排水通道，避免洪水冲刷和下渗导致安全隐患及水土流失。

弃土场应尽量设置在公路视线以外，选择没有耕地或耕地很少，并对生态环境影响较小的山谷、洼地做弃土场。清表腐殖土是重要的不可再生资源，揭除的地表草皮和腐殖土应集中堆放，以备将来地表回填、恢复植被。弃土应在清表后，按粒径由大到小分层弃置，进行适当碾压并采取必要的排水、防护和绿化措施，保证边坡稳定，避免水土流失。

2.2　服务区水资源回收及循环利用

高速公路服务区、管养中心等附属设施是为高速公路管理人员、来往驾乘人员提供办公、餐饮住宿、娱乐休闲等服务的重要场所，因而用水供电需求量很大，但其一般远离城镇，产生的污水无法就近排放到市政污水处理系统，如果设计不当极易造成资源浪费和环境污染。除附属设施的生活用水水质指标要求严格，只能采用市政供水或自备水源外，服务区用水均可经处理达到相应标准后使用，如进行绿化、清洁等循环利用（附图 2-22），这样不仅可以彻底消除污染物排放对周边区域的污染，同时节约大量市政用水量。

附图 2-22　服务区水循环系统

对于所在地区降雨丰富的高速公路，设置雨水收集与利用系统，能够有效减少饮用水的浪费，同时减少对地下水生态的破坏。

2.3　预制场混凝土养生用水循环利用

预制梁在浇筑混凝土后，按照相关施工规范需要洒水养生 7d 以上，用水量大。通过在场内设置一定量的排水沟，收集养护时的地表水以及自然降水，经过一定的沉淀，可以用来继续养生，实现水资源的循环利用。据估算，每片预制梁片可以节约 88% 的养生水。

对于桥隧比较大、预制梁需求较大的高速公路，可根据每个标段的规模情况，设置 1 ~ 2 个预制场。每个预制场安装一套养生用水循环利用系统。设置预制场养生用水循环利用系统主要实施内容包括：设置排水沟、修建沉淀池及蓄水池、安装水泵及布设供水管道。

2.4　旧沥青路面材料冷再生技术

沥青路面再生指采用专用机械设备对旧沥青路面或者回收沥青路面材料（RAP）进行处理，并掺加一定比例的新集料、新沥青、再生剂（必要时）等形成路面结构层的技术。按照再生混合料控制和施工温度的不同，沥青路面再生分为热再生和冷再生（附图 2-23）；按照施工场合和工艺的不同，沥青路面再生分为厂拌再生和就地再生。

厂拌冷再生是将回收沥青路面材料运至拌和厂，经破碎、筛分后，以一定的比例与新集料、活性填料、水分进行常温拌和，常温铺筑形成路面结构层的沥青路面再生技术。因此,厂拌冷再生能耗组成包括铣刨机铣刨、运输、拌和机拌和、运输、摊铺、压实等几个阶段,涉及铣刨机、拌和机、沥青保温罐、摊铺机、压路机以及辅助设备设施(水车、班车)的运转能耗。

附图 2-23　冷再生现场摊铺

旧沥青路面冷再生技术可最大限度利用废旧沥青混合料,直接节省大量的沥青资源和砂石料以及土地占用,同时由于施工过程中无须加热拌和,相对于传统热拌沥青混合料,可节省燃料油消耗,减少碳排放。因此,旧沥青路面冷再生利用技术具有成本和环境的双重效益。

3　生态环保类

3.1　景观协调的石质边坡生态恢复技术

岩溶地区公路建设产生的大量石质边坡对生态环境的破坏非常突出,如破坏植被、地表覆土,增加水土流失等。裸露石质边坡缺土、缺水、缺肥等植物的生存条件,导致难以恢复原有生态。目前,石质边坡生态修复技术主要分为传统的开槽种植和新兴的喷混植生。根据近年来石质边坡生态恢复的技术经验,通过花池砌筑,改善植物生长环境,采用水泥混凝土封面和喷涂对边坡进行加固、修饰,实现景观营建,最终达到生态恢复的目的。具体措施如下:

首先对坡面的危石和浮石进行清理,在确保边坡安全稳定的前提下才能开展生态恢复工作。施工工序基本流程:原材料准备→砌筑种植槽→第一次高压清洗→喷射水泥混凝土封面→第二次高压清洗→边坡外观修复(喷涂底漆→喷涂面漆→自然点缀)→草灌苗木种植→养护。

实施石质边坡生态恢复工程后可明显改善边坡植物的生境,保证其生存条件的可持续性,促进植被恢复。完成种植后即可增加边坡的绿化覆盖率,约 1 年后,边坡植物群落基本稳定,具备自我繁衍能力,边坡进入自然演替阶段,达到生态恢复的目的(附图 2-24)。

附图 2-24　石质边坡恢复效果

3.2　隧道零开挖进洞

隧道进洞零开挖的设计理念和施工方法,树立了公路基础设施建设与环境保护相协调的全新发展思维,以保护及合理利用生态环境,将工程建设(洞口开挖)与自然生态的不利影响减小到最低程度。

以往的隧道施工中,洞口坡面大挖大刷的现象比比皆是,不仅不利于洞口的稳定成型,也不利于植被的恢复与生长,对自然景观也是致命的伤害。在洞口开挖过程中会或多或少地对自然山体留下"创伤",但是较小的"创伤",可以利用适合本地土壤生长、较高大的灌木来进行弥补。洞口施工"零开挖",也正是基于这一目标而提出来的。

"零开挖"进洞的施工理念,使隧道施工能最大限度地附合自然、最小地改变自然。首先要求在管理层中树立公路基础设施建设与环境保护全面协调发展的全新思维方式，以保护生态环境为前提，合理利用生态环境为指导，将工程建设对自然生态的不利影响减小到最低程度。

可根据地形地质条件尽量减少进洞边坡开挖长度，在确保施工及运营安全的前提下，通过放陡边坡、减少台阶数量、缩小明洞外侧向宽度、减小台阶宽度以及将边坡与仰坡形成弧形顺接等多种方法来实现；也可考虑在暗洞外设置棚洞等，完善防护体系、美化景观设置。

可选择进洞条件好的洞口单向进洞，而不提倡对向掘进，通过实施单向进洞（小导洞出洞），避免了重复临建对原生地表的扰动和破坏。

在常规进洞方案无法施作时，若侧向距离较短且有条件时也可考虑侧向进洞。

轴线与等高线斜交、地质条件许可时，可采取顺应地形的斜交进洞方式，洞口坡面与洞轴线呈斜交状，如果一味追求正交进洞，则势必形成较高的边仰坡。根据地形地质条件，通过实施不等长异型护拱以及反压回填等办法进洞，最大限度地保护了原生植被及坡体，生态效应显著。

采用“前置式洞口工法”，即在洞外不开挖山脚土体的情况下，采用两侧开槽逐榀施作工字钢拱架，随着钢拱架推进逐渐“亲吻”山体，拱架间以纵向钢筋连接为整体，浇筑混凝土形成临时衬砌，在进洞前以临时衬砌成洞，回填反压后再进行内挖法施工。

3.3 耕作层土壤剥离及再利用

公路建设需占用大量的土地资源，公路占用的土地资源可以分为两类，其一是永久性占地，包括路基边坡、路基、桥梁等；其二是临时占地，包括弃渣场、施工便道、施工场地等。公路建设对土地的占用不可避免地会造成表层土壤的损失，在喀斯特地区，由于地表破碎，成土过程缓慢，生态系统稳定性差，人为活动（包括公路建设等）是喀斯特环境石漠化的主要原因。据科学研究推算，在自然状态下要形成1m厚的土壤，需要1.2万～4万年，即形成1cm厚的土层需要120～400年。

表土是一种十分可贵的自然资源，其中含有丰富的种子库，包括N、P、K等营养元素，因此施工过程将扰动的表土资源进行剥离保护与利用，对公路两侧的取土坑、弃土场进行复垦，可提高种植率，有利于缓和高速公路建设与耕地占用之间的矛盾，从而有利于稳定当地农民的生产生活，构建和谐交通事业的发展，对于提高植被恢复与土地复垦成效、防止石漠化的加剧具有重要的意义。

公路建设需要保护并收集的表土主要有两类，其一是耕作层的土壤剥离与合理利用，对有效保护耕地资源，提高补充耕地质量，保护生态环境，促进农业增产和农民增收都具有十分重要的意义；其二是林地表土资源收集与利用，林地的表土包括了枯枝落叶等形成的腐殖土，这层土壤有机质含量高，是植物种子库的存储载体。

针对路基建设的清表施工作业，主要是保护林地、农田、果园的表土，用于边坡、互通立交区及弃渣场等的生态恢复和绿化，也可以作为临时场地地面建设、鱼塘回填、农田复耕复垦，或者考虑施工各标段之间的土方合理调配，甚至进入市场循环利用等。如果沿线途经较多的农业用地，或者毗邻较多的风景名胜区，可有条件开展表土资源的收集和再利用工程。

(1)表土的保护收集

清表施工前按照土地利用类型对公路用地进行分类，并对每个类型的土地进行表层表土厚度的调查，根据调查情况确定清表厚度。

(2)表土的临时存放

通过设置临时表土堆放场对收集的表土资源进行集中堆放，并妥善保管防止水土流失。

表土堆放场按四边形设置(附图 2-25)，表土按上窄下宽的形式拍实堆放，周围布置编织土袋作围堰，围堰朝向公路处设置表土堆放场入出口，宽为 3.5 ~ 4m，方便车辆进入；围堰四角安装四个固定装置，防水材料固定在四个固定装置上，固定装置为现场伐倒的树木制作成的木棒；堆放场周围挖一圈排水沟进行排水，防止径流冲刷；采用普通编织袋作为围堰用袋，用土取自被清除的土壤，编织袋围堰摆放采用梯形断面，根据表土场大小和堆放表土的多少确定围堰参数：围堰梯形断面上宽为 0.5 ~ 1m、围堰梯形断面下宽为 1.5 ~ 2m、围堰梯形断面高为 1 ~ 2m；表土层土壤收集操作结束后对临时堆放区采取撒草籽防护并覆盖塑料布防护防止雨水冲刷。收集的表土层土壤可作为后期公路绿化恢复植物的种植土壤。

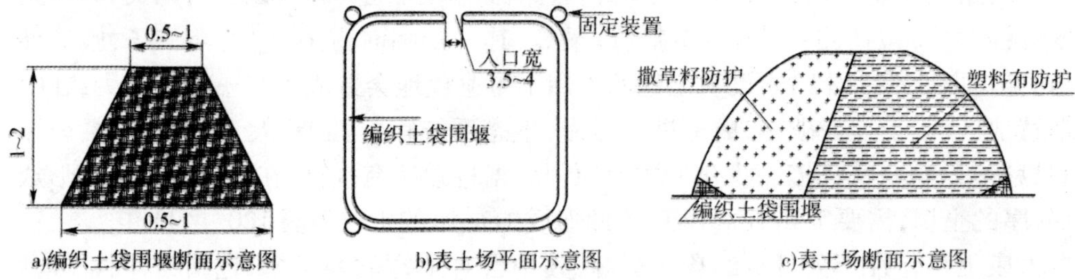

附图 2-25　表土堆放场设置示意图(尺寸单位:m)

3.4　生态挡墙建设工程

公路路基的防护工程经常采用砌石、混凝土、石笼等材料砌筑挡墙，用于阻挡山坡滑坡产生的流土、碎石，保障路基稳定和交通安全。传统的挡墙在发挥安全稳定作用的同时忽略了对道路两侧生态环境的恢复，植被生长环境受到破坏，不符合生态公路建设的要求。而生态挡墙作为岩土工程与环境工程相结合的产物，兼顾了防护与环境两方面的功效，既能起到生态环保的作用，又兼具景观功能，而且能防止水土流失。

生态挡墙可采用生态砌砖挡墙(附图 2-26),形成绿化景观带,增强自然生态空间的连通性和观赏性,构建区域生态安全体系。生态砌砖可用沿线隧道弃渣直接加工而成,不仅可节约资源,而且生态砌砖内部可填充种植土进行路域植被恢复。

附图 2-26　生态砌砖挡墙工程示意图

3.5　径流污染防治工程

路面和桥面上货物抛撒、汽车尾气排放、汽车燃油的滴漏及轮胎与桥面的磨损物等随雨水冲刷形成表面径流,具有较大污染性。如果直接进入河中,会造成水体的污染。尤其是对于跨越敏感水体的桥梁,当运输危险化学品的车辆发生事故造成危险品泄漏时,如果没有防范措施,危化品及其稀释液将会对敏感水体产生严重污染,影响河流水质甚至周边居民饮水安全。项目路线所经区域河流、水库和保护区较多的情况下,跨河桥梁以及经过敏感区的路面需要建设径流净化与事故应急系统,既能对日常降雨进行净化,减少污染物排放,又能保证发生危险化学品泄漏事故时不会污染桥下敏感水体。

桥面径流监控及应急处理系统可净化污染较大的初期径流,当发生危险化学品泄漏事故时还能起到监控和应急的作用,其工作原理为:未发生交通事故时,径流进入径流处理系统,对初期径流中的 SS、石油类、COD 等污染物进行沉淀、过滤、吸附等净化;发生交通事故时,通过监控系统判断是否有危险品泄漏,若发生泄漏事故,则监控中心启动应急系统,泄漏的危险品及稀释液流入应急储存池内,并通知相关部门对事故现场及应急存储池进行清理。

对跨越水源保护区路段的桥梁设置加高型 F 形混凝土护栏,以防止行驶车辆冲出道路，影响水库安全；或对跨河段桥梁两侧防撞栏设置最高级别的防撞墙，确保发生交通事故时车辆不会掉入水体，同时可以有效防止路面垃圾及行驶车辆排放尾气污染物落入河中，抑制严重交通事故的发生。同时，在距离跨越河流路段前300m，设置限速标志和禁止超车标志；在距离跨河路段100m，设置保护水源，安全驾驶警示标志。

除此之外，建议对部分大桥或特大桥设置桥面径流监控及应急处理系统，以应对桥面径流污染物排放和危险化学品泄漏事故，全面保证水源保护区水质的安全。经过水源敏感区的路基段也应进行专门排水设计，可结合生态边沟集成设计。

3.6 路域植被碳汇技术应用

碳汇是指从空气中清除二氧化碳的过程、活动、机制。路域植被作为固定二氧化碳的碳汇，可以吸收大气中的二氧化碳并将其固定在植被或土壤中，从而降低该气体在大气中的浓度，其效应类似于林业上的造林和再造林对二氧化碳的固定。路域生态系统不但在消减噪声、水土保持和美化环境等方面起着积极的作用，同时由于绿色植物光合作用及其生长过程中对土壤碳库的输入，能够在一定程度上大大抵消交通运输中的碳排放，为节能减排做出重要贡献，且成本要远低于工业减排。

公路边坡、中央分离带、互通立交和服务区等多样性、多元化的典型路域生态系统的建立为碳汇技术在交通运输行业的应用提供了基础平台。

3.7 分离式绿化带生态卵石排水边沟

分离式路基中间带在整个路域景观中占有重要的地位，也是最容易展现出整条路景观效果和景观品质的区域。设计中首先要满足防眩以及诱导视线的要求，其次，结合隧道洞口、仰坡及总体设计风格，设计成自然起伏的微地形，种植乔、灌、草形成错落有致的景观效果，用树形挺拔、开花乔木造景，引导视线，打造景观亮点。

将隧道分离式中分带进行形整理成龟背型，两侧排水，使硬质排水沟进行优化调整为兼具生态滞留带作用的浅碟式生态卵石景观边沟，其表层采用土壤和填料（细沙、鹅卵石、绿豆石等）及碎石（主体工程中的废弃碎石）混合组成，使水在植物、沟渠的填料缝隙和沟渠表面流动，吸附、拦截、沉淀和过滤水中的悬浮物，达到初步净化水质的作用，同时蜿蜒曲直的卵石景观沟搭配绿植生动形象地再现了浅滩溪流的原生态之美。

隧道分离式绿化带采用生态卵石排水边沟不仅起到了防眩和视线诱导的作用，同时也发挥了景观美和生态美的效果。生态卵石排水边沟与隧道洞口结构及周围环境实现了完美契合，体现了绿色公路以人为本和生态环保的建设理念，具有较好的社会经济效益。

3.8 原生植被保护利用

伴随着高速公路的快速发展，在带动地区经济快速发展的同时，又给沿线的环境带来很大的压力，使自然人文景观、生态环境都受到严重的破坏。高速公路在改变了所经区域环境状况的同时，对所经过的自然生态环境必然会造成不同程度的影响。随着道路设计标准的逐步提高，路基填挖高度加大，势必造成大量的高填深挖路段，严重破坏公路沿线原有的生态特性，尤其是红线范围内的原生植被遭到了砍伐与破坏。

作为高速公路景观绿化骨架的大树，直接关系到高速公路绿地景观效果，在高速公路绿化中，常常要引进、种植较大的树木，而高速公路建设红线内往往部分有大量的原生大树，因此对原生大树保护性移栽是非常有必要的，大树移栽绿化与生态环境保护是两者兼得、相得益彰。在高速公路建设工程中，采用技术手段对红线范围内有价值的原生大树进行精心地移栽，部分大树在道路施工完成后再运用到高速公路景观绿化工程中，这将成为保护成林古树和各种树木的有效手段，也是保护生态环境、建设绿色公路的重要措施之一。典型实施步骤如下（附图 2-27）：

（1）高速公路红线内原生植被的调查统计、分类与评估

对高速公路红线内原生植被进行调查分类和评估，确定其保留与再利用价值。具体可分为公路边坡、路侧和隔离带、互通立交区，沿线站房、收费站等不同地段的原生植被调查与分类。

（2）高速公路项目区原生植被保留区域的划定

分析公路主体工程建设对原生植被的影响，结合绿化景观设计划定高速公路项目区原生植被保留区域。

大树普查

专家评估

划定原址保留区域

移栽

附图 2-27　原生植物保护与利用

(3)制定高速公路红线范围内原生树木移栽与再利用技术指南

原生树木的移栽可能存在反季节的可能性,可制定反季节移栽技术要点,保证树木移栽顺利进行。原生植被的再利用可能对绿化景观设计产生影响,应在前期设计阶段进行考虑,及时提出问题,并制定技术指南。

(4)利用项目区原生植被进行保持乡土特色的高速公路绿化设计

保留的原生植被和移栽再利用的原生树木,对构建地域性的植物群落具有重大意义,可营造保持乡土特色的高速公路绿化景观。

3.9 声屏障防噪声工程

车辆行驶产生的噪声对周边环境造成的影响是高速公路运营期最主要的环保问题之一,目前公路建设对于噪声的防治措施主要是安装声屏障设施来降低噪声污染。声屏障是在声源和接受者之间插入一个设施,使声波传播过程有一个显著的附加衰减,从而减弱接受者所在的一定区域内的噪声影响。声屏障的形状和材料种类多种多样,可以用土、砖、混凝土、木材、金属和其他复合材料来构筑。

亦可结合项目区资源、环境特征应用生态型声屏障。生态型声屏障是一种低投入,低成本,没有二次污染,能维护生态良性循环的声屏障形式,避免了声屏障的二次污染,降噪减尘,同时又绿化、美化、再造了景观,与沿线自然景观和谐统一,体现了生态公路特色,具有良好的环境效益。目前,生态型声屏障有土堤式和植物墙两种主要形式,其中土堤式声屏障已在国内部分高速公路试用,绿化美化及吸声降噪效果显著;植物墙式声屏障在国内高速公路实施尚少(附图2-28)。

附图2-28 生态型声屏障实景图

4 协调发展类

4.1 人工湿地生态保护区

人工湿地生态治理处理系统源于对自然湿地的模拟,它利用自然生态系统中植物、基质和微生物三者的协同作用来实现水质的净化作用,将绿化景观设计结合水处理技术,充分考虑水生植物、跌水和溪石等景观要素,通过水处理技术来修复改善水体,重现生动自然美丽的湿地生态环境。人工湿地具有效率高、投资、运行及维护费用低、使用面广、耐冲击负荷强等特点。以广西乐百高速公路永乐枢纽互通人工湿地生态保护区设计为例说明。

永乐枢纽(K173 +300 ~ K173 +835)地势相对较为平缓,澄碧河从互通区直流穿过,沿河边有三个连续的水塘,现状为人工养殖鱼塘,在互通不远处的东南角与澄碧河主河道交汇(附图 2-29)。澄碧河主河道内水量较大,河水碧绿,水质较好,景色宜人。通过分析道路及边坡排水设计得出汇入互通内澄碧河中的水大致分为两类:一类是路面径流,另一类为绿化场区的雨水。针对两种类型的径流拟采取不同的景观处理方式。路面径流采用了滞留带 + 生态净化池 + 充氧跌水溪 + 人工湿地综合生态水处理,而绿化场区的雨水采用植被控制 + 人工湿地处理方式。

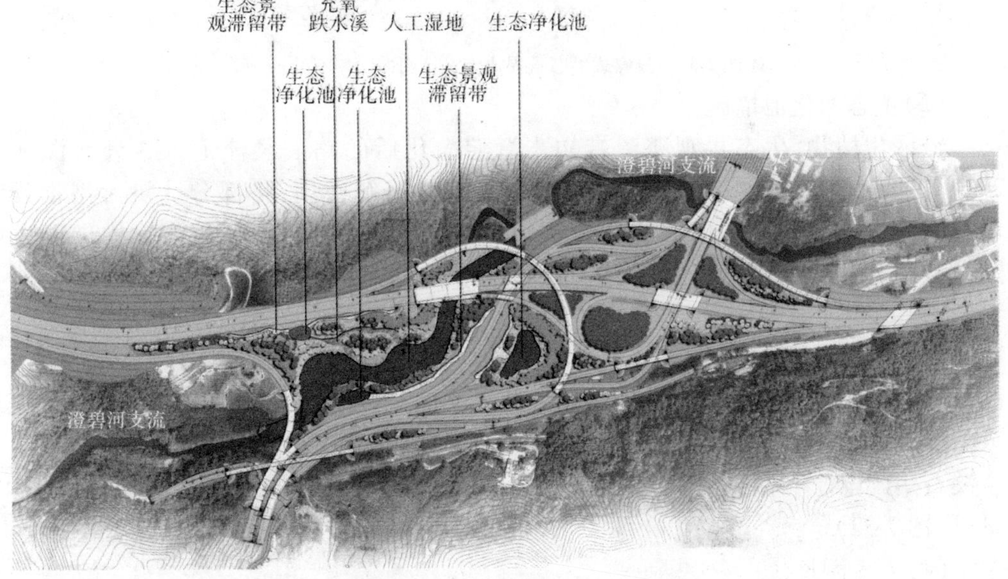

附图 2-29 永乐枢纽人工湿地保护区

根据净水步骤、净水能力及景观效果综合考虑,永乐枢纽互通拟采用的湿地植物包括美人蕉、芦苇、风车草、水葱、再力花、千屈菜、花菖蒲、鸢尾、花叶芦竹、荷花、睡莲、水仙、黄菖蒲。这些湿地植物不但能提高处理污水的能力，而且当花季到来时，一片郁郁葱葱、花团锦簇的景象，将给人心旷神怡的视觉感受。

(1)浅碟式生态景观边沟

首先将互通内的硬质排水沟进行优化调整为兼具生态滞留带作用的浅碟式生态景观边沟，其表层采用土壤和填料(细沙、鹅卵石、绿豆石等)混合组成，使水在植物、沟渠的填料缝隙和沟渠表面流动，吸附、拦截、沉淀和过滤水中的悬浮物，达到初步净化水质的作用。同时蜿蜒曲直的卵石景观沟搭配绿植生动形象地再现了浅滩溪流的原生态之美(附图2-30、附图2-31)。

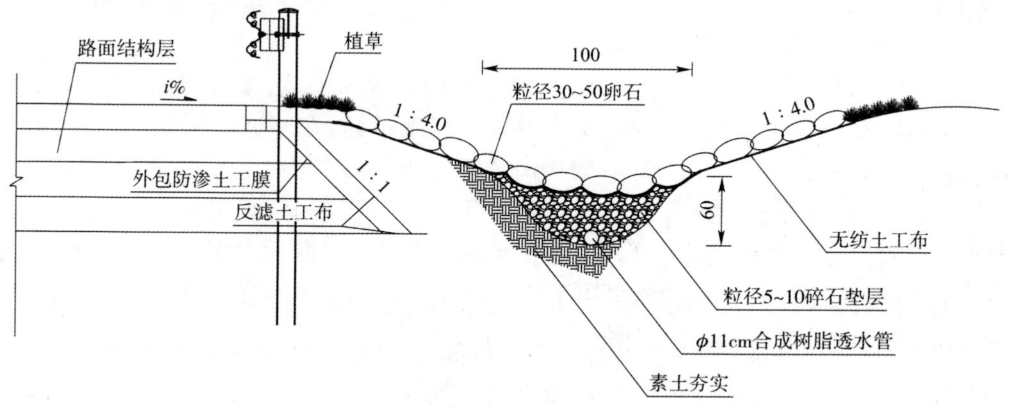

附图2-30　浅碟式生态景观边沟设计图(尺寸单位:cm)

(2)生态净化池措施

经绿化植物、生态景观滞留带初步沉淀净化后的路面径流汇入3处水深在2~4m的生态净化池。通过厌氧、兼氧微生物的降解作用，将部分有机污染物分解成有利于植物吸收的低分子化合物，再经过水生植物对水中污染物质进行吸附及分解，并在水内养殖各类水生动物以达到水体净化，抑制水藻等相关植物的生长。

(3)充氧跌水溪

生态净化池处理后的水将通过充氧跌水溪进一步充氧净化后排入互通中间的人工湿地中。充氧跌水溪是利用互通内地形的高差变化，经过疏理和开挖，同时结合溪石摆放设计生态跌水坝，营造出一个层层水台、逐级跌落、溪石流水的自然美景(附图2-32)。

(4)人工湿地

在互通中间最低处设置兼具人工湿地功能的景观水塘。通过植物的光合作用及茎、根的输氧作用，供给湿地床除污需要的氧气；同时，由于发达的植物根系及填料表面生长的生物膜净化作用、填料床体的截留及植物对营养物质的吸收作用，而实现对水体的净化。

附图 2-31　浅碟式生态景观边沟示意图

附图 2-32　浅碟式生态景观充氧跌水溪示意图

人工湿地污水净化工艺能充分地利用大自然的大型植物极其基质的自然净化能力净化污水，并在净化污水的过程中促进大型动植物生长，增加绿化和野生动植物栖息的面积，有利于促进良好生态环境的建设。

4.2　海绵化服务区/管理中心

“海绵化服务区/管理中心”借鉴“海绵城市”的概念，这是一种形象的表达，其学术术语为“低影响开发雨水系统构建”(Low Impact Design or Development，简称 LID)，即在降雨的时候，通过建设“吸收、存储、渗透、净化”系统来吸收雨水，在干旱时用来补充地下水，调节水循环的一种城市建设系统。海绵城市建设，即是将海绵的力学特性与水分特性运用在城市建设中，将城市的水生态循环系统或城市雨水综合利用系统构建像海绵一样具有对水资源伸缩自如的样式，使之能应对各种降雨强度，在不发生洪涝的同时又能够将降雨合理利用，并能维护水文生态安全(附图 2-33)。

建设海绵城市有利于城市生态环境的改善。海绵城市强调增加绿地，降低地面的硬化比例。通过海绵城市的建设，可以增加绿色空间，收集并处理雨洪水，这些被处理过的水可以用于生产和生活，或者作为景观用水、补给地下水等，从而改善生态环境。海绵城市建设有利于降低工程建设成本。海绵城市建设非常注重对天然水系的保护利用，建筑肌体中既有的园林、绿地、湿地及景观水体往往与水利调蓄设施结合起来共同构筑防排水体系，减少了给排水管道混凝土的工程量，降低了建设、运营、维护费用。此外，建设海绵城市可减少水灾发生，降低水灾经济损失及治理水环境污染的费用，经济效益显著。

对于高速公路海绵服务区/管理中心建设来说，是将绿化与排水结合进行节水绿地、生态排水系统的打造，在贯穿车道与主线之间的排水沟、停车场排水沟、场地排水等处结合打造。

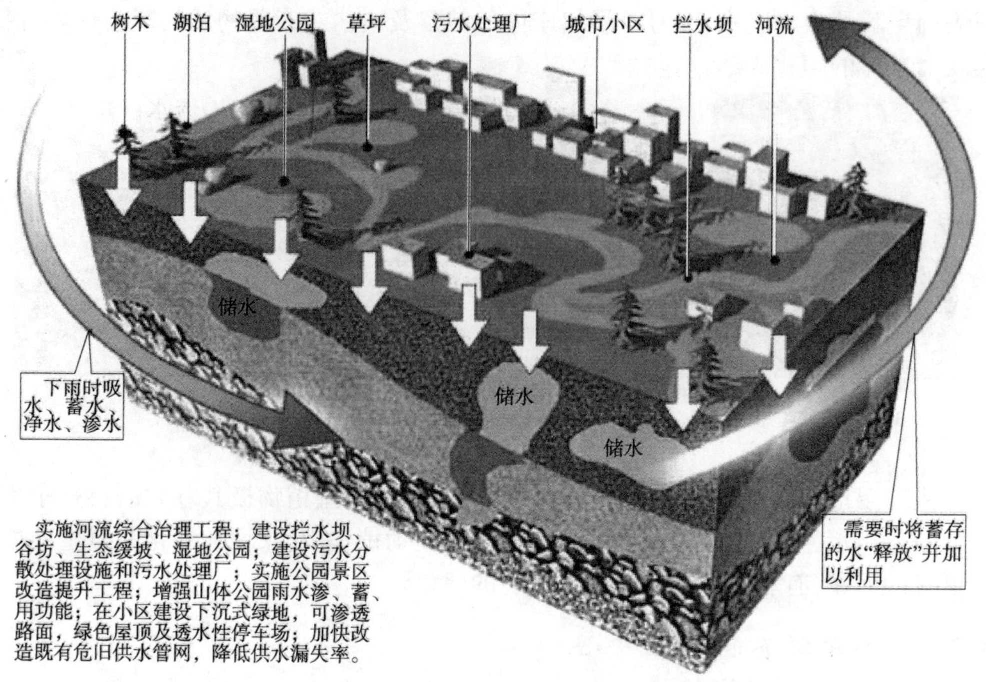

附图 2-33　海绵城市水的循环收集与释放示意图

(1)采用生态排水沟减弱人工痕迹

为提升服务区景观美化功能的同时兼具景观生态功能,可拟采用生态排水系统,取代硬质排水沟。生态排水沟在沟底及沟壁采用植物措施或植物措施结合工程措施防护的地面排水通道。与传统圬工排水相比,生态排水沟造价低、景观效果好、生态效益高。

(2)设置下凹式绿化带涵养水分

采用下凹式绿化带,下凹式绿地是一种高程低于周围路面的公共绿地(附图 2-34),与“花坛”相反,其理念是利用开放空间承接和储存雨水,达到减少径流外排的作用。具有补充地下水、调节径流和滞洪以及削减径流污染物的作用。适用区域广,其建设费用和维护费用均较低,但大面积应用时,易受地形等条件的影响,实际调蓄容积较小。建议在停车区及休息空间等小范围绿化区域实行。

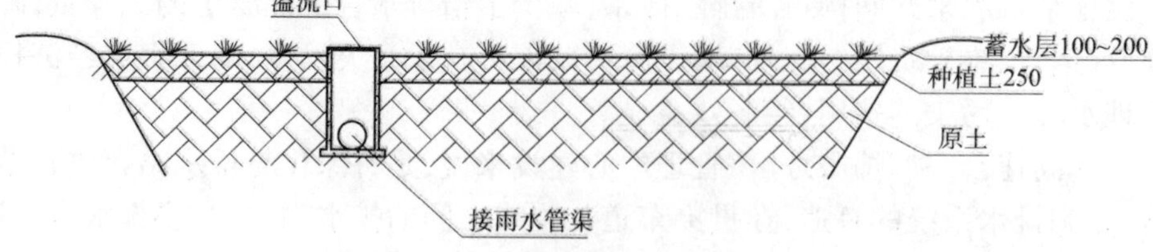

附图 2-34　下凹式绿地(尺寸单位:mm)

(3)透水铺装

服务区/管理中心存在较多的硬质铺装空间,传统做法主要以混凝土覆盖为主,可在广场、停车场、人行道以及车流量和荷载较小的道路使用透水砖、透水水泥混凝土铺装(附图2-35),装嵌草砖、园林铺装中的鹅卵石、碎石铺装等也属于透水铺装,亦可在园路及休闲活动空间使用,适用区域广、施工方便,可补充地下水,并具有一定的峰值流量削减和雨水净化作用。

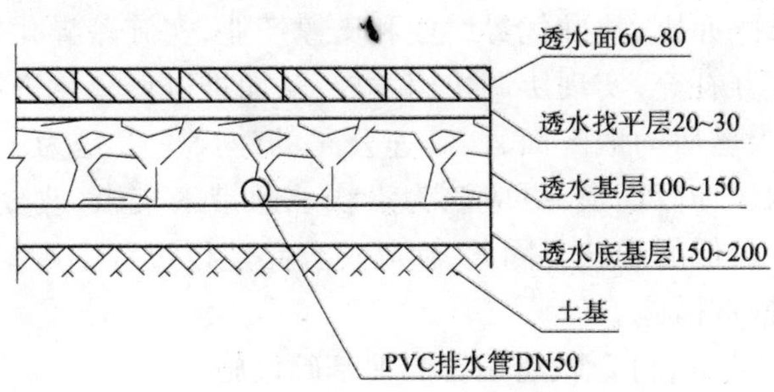

附图2-35　透水砖铺装(尺寸单位:mm)

(4)绿色屋顶

屋顶绿化(附图2-36)不仅仅是绿地向空中发展,节约土地、开拓城市空间的有效办法,也是建筑艺术与园林艺术的完美结合,在保护城市环境,提高人居环境质量方面起着不可忽视的作用。服务区/管理中心的屋顶设计以休闲娱乐,开敞空间为主,以草坪绿化为基础,作为小型阳光草坪,行列式种植矮灌木红绒球、红继木等,形成序列性景观效果,使整个空间呈开放状态。既可以调节屋内气温,也是环境美化绿色生态中不可缺少的环节。

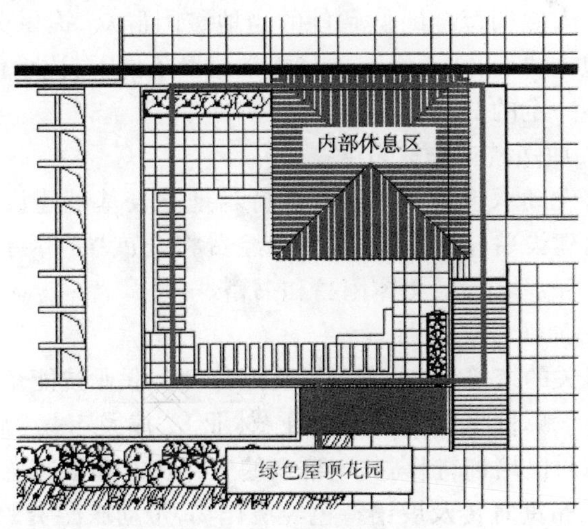

附图2-36　屋顶绿化

4.3 公路扶贫工程

城镇产业的发展是城镇化的核心，而城镇产业充分、持续、良性发展的前提是正确确定城镇的产业发展导向。高速路沿线各乡镇在资源条件、地理区位及发展基础上通常有所不同，在推动小城镇建设途径选择上也各有特点，但重点都在于充分利用高速公路机遇，统筹经济与社会发展。应本着充分利用资源、集约利用土地、保护生态环境的原则，找准优势产业和支撑产业，实施差异化发展策略，与周边地区相互促进、相互补充，实现协调快速发展，从而推进城镇化进程。

对于经济较为落后的地区而言，高速公路的建设不仅是为了贯彻实施国家高速公路网规划、构建地区通道，更应该为沿线地区带来实惠，改变地区经济发展落后、人民生活质量较低的现状。因此，在高速公路建设过程中可结合沿线城镇的发展特点采取以下扶贫措施。

(1)基础设施扶贫，村企联建完善当地基础设施

通过村企联建由当地民众无偿出让土地，工程建设资金由项目建设单位结合线外工程费用进行补助，对当地农副产品运输道路进行拓宽硬化，完善当地村落通路、通电、通水等基础设施，方便民众出行，改善居住环境。

(2)搬迁扶贫，村企联合引导偏远农户搬迁

项目建设单位紧密联合当地村镇党政机关，帮助生活条件恶劣的贫困群众向生产生活条件较好的工业园区、县城、中心镇和新集镇搬迁，提供必要的搬迁服务和一定的经费支持。

(3)劳务扶贫，提供劳务就业岗位

积极鼓励承包人雇佣符合岗位条件的当地贫困群众，提供劳务工作岗位。项目建设单位与承包人协商，在不影响项目正常建设条件下，让承包人通过考核及技术培训等方式吸纳一定的贫困人口就业。

(4)助学扶贫，加强教育扶贫力度

通过党务宣传发动承包人对口定点扶持当地学校基础建设，改善师生工作学习条件。每年项目建设单位利用党群活动经费将开展“手牵手、一帮一”联谊活动，为当地学校购买教学用具、文体用品和书籍。

(5)智力扶贫，加强村民培训

在当地党政机关的统筹下，大力开展贫困劳动力职业技能培训，增强贫困群众就业技能。项目建设单位将定期聘请农业、林业、法律及市场营销等领域的专家，联合地方政府组织村民培训，提高贫困群众的生存技能和法制意识。

(6)产业扶贫，帮助宣传及展销特色经济作物，带动旅游资源开发及宣传

通过建设开放式服务区、竖立广告宣传牌、施工便道永久使用等方式，帮助宣

传当地特产及旅游资源,带动经济产业发展,以增加村民收入。项目建设单位可采用开放式服务区并设置专卖店吸纳和展销附近的特色经济作物。同时结合当地民俗民风打造特色服务区推广旅游资源,并在高速公路段、停车区及服务区等位置设立广告牌宣传沿线旅游景区。

5 使用者优先类

以人为本的理念是绿色公路建设的出发点和立足点,需要充分考虑公路使用者的多样化需求。提供安全、方便和舒适的交通环境是建设绿色公路的目标。

5.1 桥梁中分带采用绿色植物代替防眩板

桥梁中央分隔带防眩设施是高等级公路的重要组成部分,它既影响公路景观,又影响运营安全。根据中华人民共和国行业标准《公路交通安全设施设计细则》(JTG/T D81—2006)的规定,高速公路、一级公路中央分隔带应设置防眩设施。目前,高等级公路中央分隔带防眩设施主要包括植树防眩、防眩板和防眩网三种形式。

中分带采用植树绿化(附图2-37),形成绿篱,既美化了环境,又具有良好的防眩效果,还能起到吸收噪声、净化空气的作用,具有较明显的生态环保优势,更加提升了驾驶的安全性和舒适性。

5.2 隧道主动发光诱导设施及反光光环应用

目前公路领域常用的各种视线诱导设施多采用的是反射发光的逆反射材料作为信息(信号)发布介质,常见产品包括逆反射交通标志、突起路标、轮廓标等,该类型产品虽然具有造价低、无需电源等优点,但是需要车辆具有较好的灯光照明,且在规定的几何条件和良好气候条件下才能够表现出较好的视认效果。主动发光诱导设施(LED诱导灯)(附图2-38)则可以脱离对汽车灯光的依赖,所产生的发光强度和视角范围显著增大,可视距离也有明显的提高,目前已取代或交替结合传统诱导设施在国内隧道有所应用。

附图2-37 桥梁中分带采用绿色植物

附图2-38 隧道主动发光诱导标志

在隧道内加装隧道反光环（附图 2-39），能明显改善隧道内的行车诱导效果，并能降低隧道照明用电，对于大型车驾驶员、隧道小半径路段、事故高发路段等特殊路段，诱导效果可增强 5% ~ 15%。反光环基板采用长 100cm、宽 20cm，外形轮廓与隧道内轮廓一致的铝板或不锈钢板制作，迎行车面粘贴一层高性能白色Ⅴ类反光膜，沿隧道内轮廓安装（若反光环与隧道内其他设施发生冲突时，可根据具体情况将其断开，确保反光环不得侵入建筑界限或与其他设施发生遮挡）；反光环主要设置于特长隧道和长隧道，其他位于曲线段的隧道可视具体情况设置；第一道反光环设置于隧道入口进洞 20m 处，每隔 200m 等间距设置一道，曲线半径较小的隧道设置间距可根据具体情况适当减小，但应等间距设置（附图 2-40）。

附图 2-39　隧道反光环

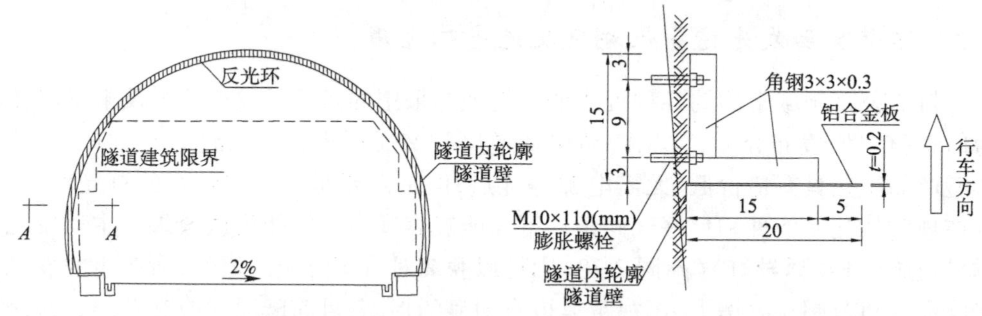

附图 2-40　隧道反光光环布置图（尺寸单位：cm）

单个反光环材料数量如附表 2-1 所示，铝合金板采用 3003 型，厚 2mm，采用铆钉与角钢进行连接，表面粘贴白色Ⅴ类反光膜。铝合金板宽 20cm，长 100cm，外形轮廓与隧道轮廓一致。相邻铝板采用斜角搭接，搭接长度不小于 3cm。铝合金板采用角钢焊接而成的支架通过膨胀螺栓固定于隧道壁上，支架设置的环形间距为 50cm。

反光环作为新型的视线诱导设施，其视觉效果远超传统的轮廓标。反光环可以帮助驾驶员判断隧道宽度，解决进出隧道时，因明暗反差导致的瞬间“失明”。反光环具体优点如下：一是可以增强对过往驾乘人员的视觉效果，起到减缓视觉及精神疲劳的作用；二是隧道内边界轮廓清晰，行车诱导效果有明显改善，能起到警示和导向效果，在隧道停电的情况下效果尤为突出；三是可以辅助隧道照明，可降低照明用电量，具有很好的经济、环境和社会价值，提高了隧道的安全系数，保障道路安全畅通。

单个反光环材料数量表　　附表 2-1

编号	材料名称	规格(cm)	单件质量(kg)	件数(件)	总质量(kg)
1	铝合金板	100×20×0.2	1.07	20	21.40
2	角钢	3×3×0.3×15	0.2	80	16.8
3	膨胀螺栓	M10×110(mm)	0.11	80	8.80
4	反光膜	V类	$3.94m^2$		

5.3 钢结构生态遮光棚的应用

在山区高速公路中，对于越岭隧道，采用隧道群方案时可能出现的问题：一是隧道洞口较多，间距较小时容易成为事故多发点，是隧道交通安全管理的一大难点，隧道洞口光线亮度交替变化冲击人眼是引起交通安全事故的最主要因素；二是为消除隧道进出口事故多发的隐患，隧道洞口设计必须充分考虑驾驶员的生理和心理因素，而为了减弱或消除进洞口的“黑洞”和出洞口的“白洞”效应，应在入口段、出口段加强照明，让光线亮度渐变，以消除人眼的不适应性，从而致使造价较高。

在公路隧道洞口外或隧道群距离较近的洞口之间设置遮光棚成为目前解决以上问题的途径之一。设置遮光棚后，洞口前会出现减光地段，形成亮光过渡带，从而具有与洞内适应段相同的作用，不仅可缓和洞口内外明暗差异，还可以降低驾驶员眩晕感，减少明暗交替对驾驶员视觉上的明暗交替冲击，有利于行车安全（附图2-41）。同时，设置遮光棚后，隧道照明设计可根据遮光棚的减光效果，对洞口段设计亮度作相应折减，考虑将隧道群与遮光棚作为一个整体进行设计，以降低工程造价，节省隧道运营成本。

附图 2-41　遮光棚效果示意图

钢结构遮光棚上部结构采用钢结构骨架,上面铺设遮光板材。具有施工方便,工期短,便于维护,结构轻巧、美观的优点,通过选择不同性能的遮光板可以实现对隧道洞口透光性的调节,遮风、挡雨能力较强,通风透气性能较好。

5.4 隧道光纤光栅感温火灾预警监测技术应用

基于光纤光栅传感技术的交通隧道火灾报警系统,采用光纤光栅温度传感器作为外界环境的传感单元,探测的是光的中心波长,波长在光的传输过程中不受光源起伏、光纤弯曲损耗、连接损耗和探测器老化等因素的影响,对外界环境具有高度敏感的特性,系统具有响应时间快、灵敏度高和测量精度高的特性,可实现对被监测的环境进行准分布式实时温度监测,完成对温度过高或异常升高作出快速的火灾预报的功能(附图 2-42)。

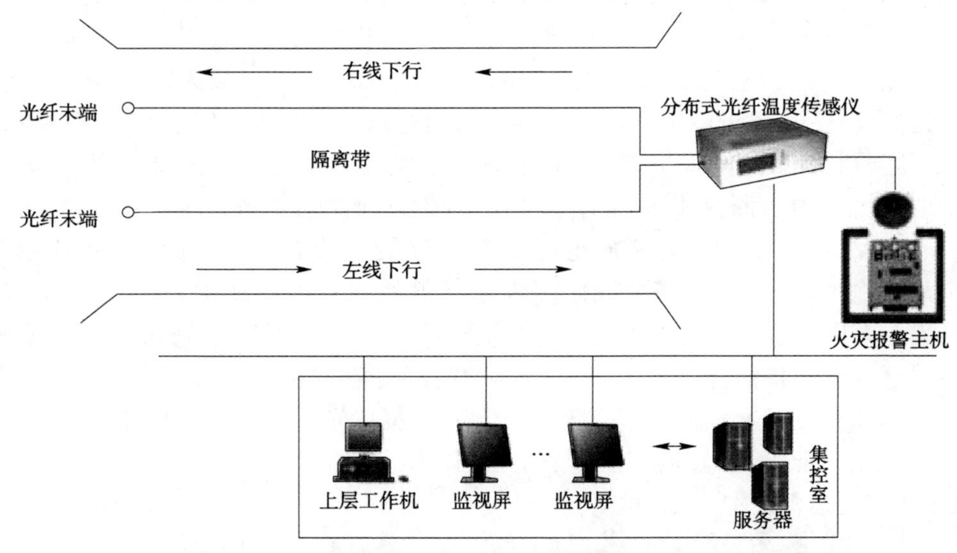

附图 2-42　隧道火灾探测系统结构图

该技术特别适用于易燃易爆、长距离传输、强电磁干扰和环境恶劣场所的火灾监控报警,目前已经在包括沪蓉西利恩段高速、武汉长江隧道、厦门翔安隧道等在内的全国总长 3000 多公里的公路隧道火灾报警项目中成功推广应用,并在多次交通隧道的火情中实现准确及时的报警,为火灾的即时发现和扑救赢得宝贵时间,避免了重大损失。

5.5 智能交通信息发布系统

近年来,交通运输部十分重视公路网出行信息服务相关工作的开展。交通运输部发布了《公路交通出行信息服务工作规定(暂行)》并沿用至今,并在全国范围组织实施出行信息服务示范工程。《“十二五”公路养护管理发展纲要》《公路水路交通运输信息化“十二五”发展规划》等文件中都明确提出要全力做好公路出行服务工作，将交通出行信息服务系统建设工程作为一项重要任务。在这种新形势下，如何将交通路况、天气、阻断等对出行有用的信息实时发布给管理者和出行公众，是提高高速公路服务水平的重要举措。为此，有必要进行公路交通出行信息服务系统和低碳运行指示系统的融合，积极推动跨部门跨区域交通出行与低碳信息的交换共享，并依托公路地理信息系统的建设，强化公路基础数据、运行信息、出行信息、低碳信息、收费信息等交通信息服务，充分利用网站、移动终端、交通广播等服务手段，为公路出行者和管理者提供公路的出行和低碳信息服务。

公路公众服务信息系统面向公路管理者和公众信息服务的实际需求，主要为公众提供高速公路路况、气象、出行指南、公路养护、服务区信息、路径规划、地图、路政、运营等方面的信息。

公路公众服务信息系统通常包括数据处理系统和公众信息服务系统。数据处理系统的功能主要是完成软件平台的搭建，构建基础数据架构、数据模型并实现物理数据库的设计部署，开发与部署数据治理、数据汇聚、数据共享与交换等数据处理功能，从而实现对项目数据的承载以及整合处理，为上层应用提供高质量的数据支撑。公众信息服务系统通过整合交通运行信息和城市信息，向公众发布高速道路、交通相关信息，提供所到城市的各类所需信息服务，通过多种渠道提供全方位的信息查询，包括道路交通、路况、交通事故、养护信息、旅游、住宿、餐饮等；关联高速交通信息，为公众提供线路的科学规划，提供出行合理建议，整合信息，挖掘数据，对用户提供高速导航，以及导航线路中的实时路况服务区、天气、诱导等相关信息服务。此外提供快速定位服务，为需要营救的用户争取时间，并建立信息互动系统，为用户提供信息反馈、互动的渠道。

公众服务及低碳指示系统实施范围主要包括监控中心、收费站、服务区、停车区以及公路沿线可变情报板。项目在监控中心建立数据处理系统、公众信息服务系统，汇总各种公路基础数据、运行信息、出行信息、阻断信息、收费信息、交通量数据、重大节假日免费通行数据、低碳车辆合理运行速度等，并对多个来源的交通流、事件、运营数据等交通信息的处理和融合，形成统一格式的交通信息，实时发布给公众、管理人员及上级管理者等，为公众提供实时、准确的交通信息，为管理者制定相关决策提供支持。在主要收费站、全线服务区、停车区、路域可变情报板建立诱导系统、信息发布系统等。

公众出行服务系统实施范围及所需设备见附表2-2、附表2-3。

公众出行服务系统实施范围　　附表 2-2

序号	实施范围	实施内容
1	监控中心	汇总各种公路基础数据、运行信息、出行信息、阻断信息、收费信息、交通量数据、重大节假日免费通行数据等，并对多个来源的交通流、事件、运营数据等交通信息的处理和融合，形成统一格式的交通信息，实时发布给公众、管理人员及上级管理者等
2	服务区、停车区	服务器显示终端及后台系统配置，公路出行信息发布。 在服务区设置 WiFi 热点方便道路使用者在服务区休息期间上网冲浪
3	收费站	交通流、交通运行信息统计，公路出行信息发布
4	沿线可变信息情报板	交通诱导、公众出行信息发布

公众出行服务系统所需主要设备　　附表 2-3

项目	具体细项	设备说明
高速公路智能交通信息发布系统	情报板发布系统	悬臂式可变信息标志、门架式可变信息标志、车道指示标志、移动式可变交通标志
	服务区发布系统	服务区的显示终端、显示终端后台管理及控制系统
	服务区 WiFi 热点	无线控制器 AC、室外型 AP、千兆以太网交换机
	信息系统硬件	通信计算机、图像管理计算机、视频传输平台管理计算机、交通控制计算机、数据库服务器、视频编解码器，视频存储服务器、流媒体发布服务器、视频事件管理服务器、路由器、三层以太网交换机、视频光传输平台

5.6　主线收费站自发光反光突起路标应用

反光突起路标又称作反光道钉，它是固定于路面上起标线作用的突起标块。它与标线一起，共同起到标识道路线形轮廓的作用。特别是当路面有积水和大雾天气的情况下可代替标线轮廓。近年来，随着公路建设的飞速发展以及对道路交通安全的日益重视，反光路标的使用越来越普遍。

传统的反光路标依靠车灯光源照射在路钮反光片上，通过发射回来的光线使驾驶员获得道路线形信息，在积水和雾天光线的环境下反射受到极大干扰，而自发光反光型路标可在白天通过太阳能电池板吸收太阳光，把太阳能转化成电能，并储存在储能器件中，夜间储能器件中的电能自动转化成光能，通过 LED 发出亮光来勾画道路轮廓，诱导驾驶员视线，很好地克服了传统反光路钮的缺点。自发光反光型路标（附图 2-43）成功地将自发光和反光两种材料有机结合（在夜晚和黑暗中自身发光在灯光照射下反光），它弥补了两种材料单一使用存在的缺陷，同时系统化解决、实现了自发光与反光的双效功能，使标识系统更加科学、合理、安全、有效。

在道路分叉、桥梁、隧道、十字路口较多的开放式省县级及乡村道路，设置鲜明完整的交通道路标志，除给行人和驾驶员以良好的条件反射，起到引导、警示作用外，对人和非机动车辆在夜间的行驶均起到单一反光材料不可替代的作用。

附图 2-43　自发光反光突起路标

自发光突起路钮的发光亮度可达 2000 个 MCD 以上，是传统反光路钮的 6 ~ 7 倍，高强度的光线可以在夜间穿破雨雾，安全有效地为驾驶员指导方向。自发光突起路钮在晚上以某种频率闪烁，而人的视觉对变化更为敏感，所以其动态警示作用非常强。主动发光不仅可以最大程度上避免雨雾的干扰，而且可以脱离对汽车灯光的依赖，可视距离更远，效果更好。

太阳能道钉在雨雾天气中以及在弯道处勾画道路轮廓、诱导驾驶员视线进而消除安全隐患方面起到了相当重要的作用。

5.7　雾区智能诱导设施应用

雾天对高速公路行车安全威胁巨大，因大雾或局部团雾造成的连环追尾重特大交通事故屡见不鲜，低能见度大雾已经成为高速公路交通事故的主要致因之一。

交通量大、大雾、团雾多发的高速公路区段可设置雾区行车安全智能诱导系统，以降低大雾天气条件下的交通事故风险、减少因大雾造成的交通封闭时间。

低能见度行车安全智能诱导系统利用设置在公路两侧的雾天公路行车安全诱导装置（以下简称“智能边缘标”）为在途车辆提供安全诱导。设置于公路中央分隔带和路侧的智能边缘标按纵向 20m 等间隔设置，采用无线通信技术实现联网协同控制，会根据不同的能见度与车流情况，采用不同的发光亮度、颜色、闪频等组合来实施有针对性的诱导策略，为驾驶员提供道路轮廓强化、行车主动诱导、防止追尾警示等多种安全诱导工作模式（附图 2-44），从而实现具有交通环境自适应特点的低能见度大雾路段在途车辆的安全诱导。当遇到团雾等能见度突变且产生视线断层时，雾区诱导系统立即启动防止追尾警示功能，通过"动态红色尾迹"动态提示前后车辆的安全间距，有效降低和避免低能见度雾条件下车辆冲出路外和前后追尾事故的发生，特别是避免高速公路连环追尾重特大恶性事故的发生。该系统也同样适用于强降雨、烟雾、沙尘暴、风吹雪等其他天气条件导致的低能见度环境（附图 2-45～附图 2-47）。

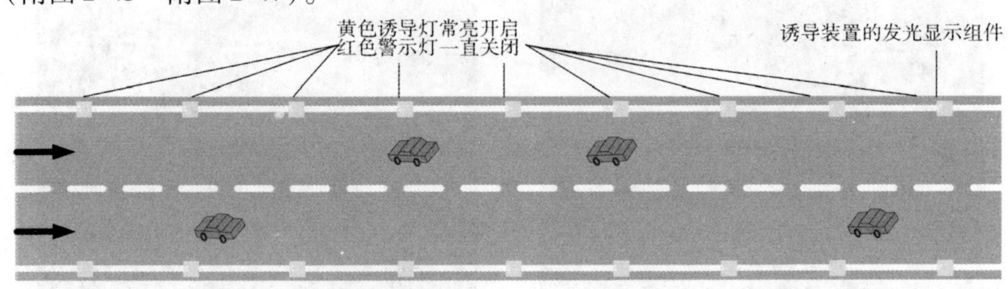

附图 2-44　道路轮廓点亮示意图

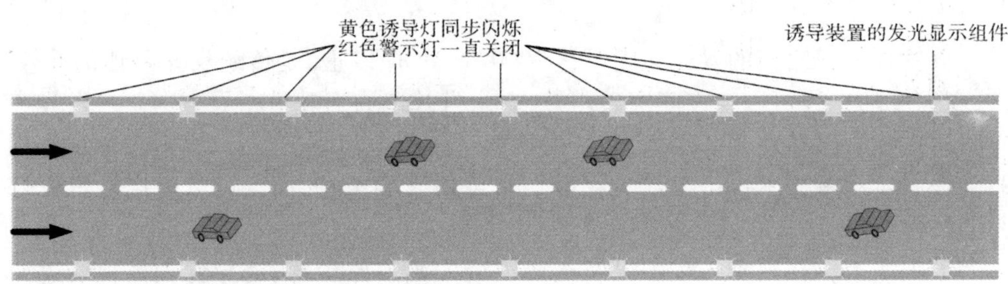

附图 2-45　"闭塞区间"形成示意图

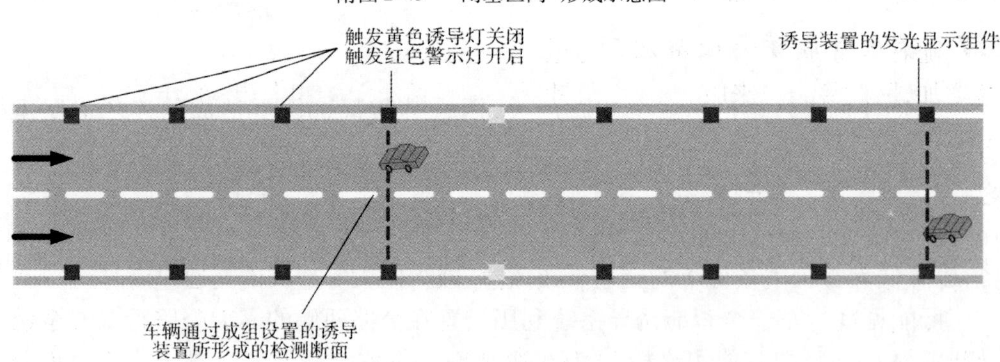

附图 2-46　团雾环境下防连环追尾"闭塞区间"形成示意图

行车安全智能引导系统主要由能见度检测仪（可额外选配照度仪）、智能诱导装置（也称智能边缘标）、可变情报板（用于发布提示与警告信息，为可选项）以及实现对这些设施进行控制的数据预处理器和上位主控器构成。

附图 2-47 “闭塞区间”形成实景图

能见度检测仪用于道路沿线能见度状况的实时监测,现场能见度数值作为系统控制策略或工作模式的触发条件;智能边缘标含有黄色和红色双色显示灯,根据不同控制条件,黄灯与红灯的开启、关闭、常亮、同步闪烁等状态会随之变化,用于强化道路轮廓、警示追尾风险,诱导车辆安全行驶;在本系统中,车辆检测功能集成在智能边缘标中,采用红外线断面检测技术;可变情报板一般设置在大雾频发路段的上游适当位置处,用于向驾驶员发布雾情、交通状况以及安全驾驶等提示信息;数据预处理器与上位控制系统(一般部署在监控管理中心,利用高速通信专网或无线公网的通信链路是远程自动或手动控制)是系统数据处理与设备控制的核心,数据预处理器为现场控制设备,具有脱机工作能力,可以在外场根据实时能见度数值自动控制智能边缘标工作状态,上位控制系统可采取手动控制,优先级高于数据预处理器。

5.8 服务区预留充电桩

随着对于环境保护的重视和纯电动车技术的不断发展,电动汽车保有率不断地增加,因此针对未来服务区中,可针对性地预留小车位和大车位的充电车位。

附录 3

交通运输部《关于实施绿色公路建设的指导意见》

（2016 年 08 月 04 日）

为践行绿色交通，完成《交通运输节能环保"十三五"发展规划》目标，推进绿色公路建设，现提出以下意见：

一、总体要求

（一）指导思想。

深入贯彻党的十八大和十八届二中、三中、四中、五中全会精神，牢固树立创新、协调、绿色、开放、共享五大发展理念，落实"四个交通"发展要求，促进公路发展转型升级，建设以质量优良为前提，以资源节约、生态环保、节能高效、服务提升为主要特征的绿色公路，实现公路建设健康可持续发展。

（二）基本原则。

坚持可持续发展。高度重视公路、环境、社会各方面、各要素的关系，提高资源和能源利用率，发挥公路先导性和基础性作用，实现在发展中保护、在保护中发展。

坚持统筹协调。统筹公路规划、设计、建设、运营、管理、服务全过程，强调均衡协调，突出建、管、养、运并重，降低全寿命周期成本。

坚持创新驱动。大力推动理念创新、技术创新、管理创新和制度创新，强化创新的驱动与支撑作用，为公路建设注入强大动力。

坚持因地制宜。准确把握区域环境和工程特点，明确项目定位，确定突破方向，开展有特色、有亮点、有品位的工程设计，因地制宜建设绿色公路。

（三）建设目标。

到 2020 年，绿色公路建设标准和评估体系基本建立，绿色公路建设理念深入人心，建成一批绿色公路示范工程，形成一套可复制、可推广的经验，行业推动和示范效果显著，绿色公路建设取得明显进展。

二、主要任务

（一）统筹资源利用，实现集约节约。

1. 集约利用通道资源。按照“统筹规划、合理布局、集约高效”原则，统筹利用运输通道资源。鼓励公路与铁路、高速公路与普通公路共用线位。改扩建公路要充分发挥原通道资源作用，安全利用原有设施。

2. 严格保护土地资源。科学选线、布线，避让基本农田，禁止耕地超占，减少土地分割。积极推进取土、弃土与改地、造地、复垦综合措施，高效利用沿线土地。因地制宜采用低路堤和浅路堑方案，保护土地资源。统筹布设公路施工临时便道、驻地、预制场、拌和站等，做到充分利用，减少重复建设。

3. 积极应用节能技术和清洁能源。加强隧道等设施节能设计，推进节能通风与采光等技术应用。推广应用供配电系统节能技术、LED 节能灯具、照明智能控制系统、温拌沥青技术和冷补养护技术等新技术与新设备。加快淘汰高能耗、高排放的老旧工程机械。因地制宜推广太阳能、风能、地热能、天然气等清洁能源应用。

4. 大力推行废旧材料再生循环利用。积极推行废旧沥青路面、钢材、水泥等材料再生和循环利用。推广粉煤灰、煤矸石、矿渣、废旧轮胎等工业废料的综合利用。开展建筑垃圾的无害化处理与利用。积极应用节水、节材施工工艺，实现资源高效利用。

（二）加强生态保护，注重自然和谐。

5. 推行生态环保设计。加强生态选线，依法避绕自然保护区、水源地保护区等生态环境敏感区。推行生态环保设计和生态防护技术，重点加强对自然地貌、原生植被、表土资源、湿地生态、野生动物等方面的保护。增强公路排水系统对路面和桥面径流的消纳与净化功能。

6. 严格施工环境保护。加强施工过程中的植被与表土资源保护和利用，落实环境保护、水土保持要求，做好临时用地的生态恢复。完善施工现场和驻地的污水垃圾收集处理措施，加强施工扬尘与噪声监管，推进公路施工、养护作业机械尾气处理。在环境敏感区域施工,应制定生态环保施工专项方案,严格落实环保措施,降低施工对环境的影响。

7. 加强运营期环境管理。加强各类环保设施的维护与运行管理,探索推行环境管理的市场服务机制,确保排放达标。全面推进沿线附属设施污水处理和利用,实现垃圾分类收集和无害化处置。强化穿越敏感水体路段的径流收集与处置。

(三)着眼周期成本,强化建养并重。

8. 突出全寿命周期成本理念。将公路运营和维护纳入工程设计与建设一并考虑,突出全寿命,强调系统性,强化结构设计与养护设施的统一。推进钢结构桥梁的应用,发挥其在全寿命周期成本方面的比较优势。积极应用高性能混凝土,保证结构使用寿命,有效降低公路运营养护成本。

9. 全面实施标准化施工。建立标准化施工长效机制,实现工地标准化、工艺标准化和管理标准化。鼓励工程构件生产工厂化与现场施工装配化,注重工程质量,提高工程耐久性,实现工程内外品质的全面提升。

10. 提高养护便利化水平。以科学养护为统领,注重公路设计与建设的前瞻性,统筹考虑后期养护管理的功能性需要,合理设置检修通道,做到可达、可检、可修、可换,提高日常检测维修工作的便利性与安全性。

(四)实施创新驱动,实现科学高效。

11. 加强绿色公路技术研究。大力开展绿色公路关键技术研发,加快研究湿地保护、动物通道设置、能源高效利用及节能减排、路域生态防护与修复、公路碳汇建设等新技术,开展绿色公路国际技术合作与交流,助力绿色公路发展。

12. 大力推进建设管理信息化。基于"互联网 +"理念,加快云计算、大数据等现代信息技术应用,有效提升建设管理智能化水平。逐步建立智能联网联控的公路建设信息化管理系统,推进质量检验检测数据实时互通共享技术,促进信息技术在公路建设管理中的应用。

13. 总结推广建设管理新经验。鼓励应用建筑信息模型(BIM)新技术,探索应用健康、安全和环境三位一体(HSE)管理体系,积极推广合同能源管理,稳步推进建设与运营期能耗在线监测管理。鼓励代建制、设计施工总承包等管理模式的创新与应用,营造绿色公路建设市场发展环境。

14. 探索设置多元化服务设施。结合社会发展和消费升级,充分利用公路养护工区、场站等用地,科学设置服务区、停车场,探索增设观景台、汽车露营地、旅游服务站等特色设施,为公众个性化出行提供便利。鼓励在公路服务区内设置加气站和新能源汽车充电桩,积极做好相关设备安装的配合工作,为节能减排创造条件。

15. 丰富公路综合服务方式。继续推进高速公路联网不停车收费与服务系统（ETC）建设，扩大 ETC 覆盖范围，提高路网整体通过能力；鼓励拓展 ETC 技术应用业务，逐步实现 ETC 在通行、停车、加油、维修、检测等环节的深度应用。利用短信平台、门户网站、微信、微博等新媒体手段，构建公益服务与个性化定制服务相结合的公路出行信息服务体系。

（五）完善标准规范，推动示范引领。

16. 制定绿色公路标准规范。充分总结公路建设经验，修订绿色公路建设相关标准规范，出台《绿色公路建设技术指南》，完善建立绿色公路建设评价指标体系，明确技术要求，全面指导绿色公路建设。鼓励各地制定具有当地区域特色的绿色公路评价标准。

17. 开展五大专项行动。组织实施"零弃方、少借方""实施改扩建工程绿色升级""积极应用建筑信息模型（BIM）新技术""推进绿色服务区建设""拓展公路旅游功能"五大专项行动，以行动促转型，以行动促落实，推进工程无痕化、智能化建设，实现工程填挖方的有效统筹，加强改扩建工程的资源节约与循环利用，推行服务区污水治理、建筑节能、清洁能源、垃圾处理等新技术应用，因地制宜拓展完善公路服务和旅游功能，推进绿色公路建设的全面实施。

18. 打造示范工程。以绿色公路建设专项行动为依托，继续推进试点示范，打造公路建设新亮点。各省级交通运输主管部门应结合已有工作创建 1～2 个绿色公路示范工程，丰富绿色公路新内涵，强化绿色公路设计、建设、运营等各环节的指导，组织开展绿色公路建设专项技术咨询，及时总结经验，以点带面，实现全行业绿色公路快速发展。

三、保障措施

19. 加强组织领导。建立健全部、省联动机制，加强行业指导，充分发挥各级交通运输主管部门积极性，建立协调机制，形成有利于推进绿色公路建设的工作格局。

20. 加强制度建设。省级交通运输主管部门应制定本地区的绿色公路建设激励约束机制，建立健全绿色公路建设综合评价制度，完善绿色公路评价指标，构建绿色公路建设可控、可量化、可考核的制度体系。

21. 加强行业协同。省级交通运输主管部门应加强与国土、环保、林业、旅游等相关部门的沟通与协调，建立多方联动、协同共享、有效管理的工作机制，形成合力，实现共赢。

22. 加强专家指导。动员各方面力量，加强组织遴选，成立绿色公路建设典型示范工程专家组，对绿色公路的勘察设计、建设施工、运营管理等全过程进行技术指导和咨询。

23. 加强宣传推广。开展绿色公路系列宣传活动，加大绿色公路建设理念的宣传力度，在政府交通门户网站开辟绿色公路建设专栏，组织开展绿色公路设计、建设技术研讨和交流，推广经验，宣传成果，统一思想，形成共识，促进绿色公路建设深入人心。

交通运输部

2016 年 7 月 20 日

参考文献

[1] Roudebush, W. H. ,Environmental Value Engineering Assessment of Concrete and Asphalt Pavement [R]. Portland Cement Association. PCA R&D Serial No. 2088a, 1999.

[2] Häkkinen, T. , Mäkelä, K.. Environmental Impact of Concrete and Asphalt Pavements, in Environmental adaption of concrete[R]. Technical Research Center of Finland. Research Notes 1752, 1996.

[3] Horvath, A. , Hendrickson, C.. Comparison of Environmental Implications of Asphalt and Steel-Reinforced Concrete Pavements[J]. Transportation Research Record. 1998, 1626: 105-113.

[4] Roudebush, W.. Environmental Value Engineering (EVE) Environmental Life Cycle Assessment of Concrete and Asphalt Highway Pavement Systems[R]. Portland Cement Association. PCA R&D Serial No. 2088, 1996.

[5] Berthiaume, R. , Bouchard, C.. Exergy Analysis of the Environmental Impact of Paving Material Manufacture[J]. Transactions of the Canadian Society for Mechanical Engineering,1999,23(1B): 187-196.

[6] Mroueh, U. M. , Eskola, P. , Laine-Ylijoki, J. , et al. Life Cycle Assessment of Road Construction[R]. Finnish National Road Administration. Finnra Reports 17/2000, 2000.

[7] International Organization for Standardization. Environmental Management-Life Cycle Assessment-Requirement and Guidelines[S]. ISO 14044:2006(E), 2006.

[8] Stripple, H.. Life Cycle Assessment of Road: A Pilot Study for Inventory Analysis (Second Revised Edition) [M]. Swedish National Road Administration. IVL B 1210 E, 2001.

[9] Stripple, H.. Life Cycle Inventory of Asphalt Pavements[M]. IVL Swedish Environmental Research Institute Ltd, 2000.

[10] Nisbet, M. A. , Marceau, M. L. , VanGeem, M. G. , et al. Environmental Life Cycle Inventory of Portland Cement Concrete and Asphalt Concrete Pavements [R]. Portland Cement Association. PCA R&D Serial No. 2489, 2001.

[11] Nisbet, M. A. , Marceau, M. L.. Environmental Life Cycle Inventory of Asphalt Concrete[R]. Portland Cement Association. PCA R&D Serial No. 2487, 2001.

[12] Park, K. , Hwang, Y. , Seo, S. , et al. Quantitative Assessment of Environmental Impacts on Life Cycle of Highways[J]. Journal of Construction Engineering and Management, 2003,129(1): 25-31.

[13] Treloar, G. J. , Love, P. E. D. , Crawford, R. H. . Hybrid Life-Cycle Inventory for Road Construction and Use[J]. Journal of Construction Engineering and Management,2004,130(1):43-49.

[14] Zapata, P. , Gambatese, J. A. . Energy Consumption of Asphalt and Reinforced Concrete Pavement Materials and Construction[J]. Journal of Infrastructure Systems, 2005,11(1):9-20.

[15] Athena Institute. A Life Cycle Perspective on Concrete and Asphalt Roadways: Embodied Primary Energy and Global Warming Potential[M]. Cement Assocation of Canada. Prepared for the Cement Association of Canada, 2006.

[16] Athena Sustainable Materials Institute. Life Cycle Embodied Energy and Global Warming Emissions for Concrete and Asphalt Roadways[M]. Canadian Portland Cement Association, 1999.

[17] Chan, A. W. -C. . Economic and Environmental Evaluations of Life Cycle Cost Analysis Practice: A Case Study of Michigan DOT Pavement Projects[M]. Master of Science Thesis in Natural Resource and Environment, University of Michigan, 2007.

[18] Nathman, R. , McNeil, S. , Van Dam T. J. Integrating Environmental Perspectives into Pavement Management: Adding PaLATE to the Decision-Making Toolbox[M]. Presented at the Transportation Research Board 88th Annual Meeting. Washington, D. C. , 2009.

[19] Birgisdóttir, H. . Life cycle assessment model for road construction and use of residues from waste incineration[D]. Ph. D. Dissertation in the Institute of Environment and Resources, Technical University of Denmark, 2005.

[20] Huang, Y. , Bird, R. , Heidrich, O. . Development of a life cycle assessment tool for construction and maintenance of asphalt pavements[J]. Journal of Cleaner Production, 2009,17(2):283-296.

[21] Garg, A. , Kazunari, K. , Pulles, T. . 2006 IPCC Guidelines for National Greenhouse Gas Inventories[M]. Intergovernmental Panel on Climate Change, 2006.

[22] Wang, M. , Lee, H. , Molburg, J. . Allocation of Energy Use in Petroleum Refineries to Petroleum Products: Implications for Life-Cycle Energy Use and Emission Inventory of Petroleum Transportation Fuels[J]. International Journal of Life Cy-

cle Assessment,2004,9(1):34-44.

[23] Marceau, M. L., Nisbet, M. A., Vangeem, M. G.. Life Cycle Inventory of Portland Cement Manufacture[R]. Portland Cement Association. PCA Report No. 2095b, 2006.

[24] Josa, A., Aguado, A., Cardim, A., et al. Comparative analysis of the life cycle impact assessment of available cement inventories in the EU[J]. Cement and Concrete Research, 2007,37(5).

[25] Huntzinger, D. N., Eatmon, T. D.. A life-cycle assessment of portland cement manufacturing: Comparing the traditional process with alternative technologies. Journal of Cleaner Production,2009,17(1):668-675.

[26] Boesch, M. E., Koehler, A., Hellweg, S.. Model for Cradle-to-Gate Life Cycle Assessment of Clinker Production[J]. Environmental Science and Technology, 2009,43(19):7578-7583.

[27] Curran, M. A.. Life Cycle Assessment: Principles and Practice[M]. United States Environmental Protection Agency. EPA/600/R-06/060, 2006.

[28] Muga, H. E., Mukherjee, A., Mihelcic, J. R., et al. An Integrated Assessment of Continuously Reinforced and Jointed Plane Concrete Pavements[J]. Journal of Engineering, Design and Technology, 2009,7(1):81-98.

[29] Mroueh, U. M., Eskola, P., Laine-Ylijoki, J.. Life-cycle impacts of the use of industrial by-products in road and earth construction[J]. Waste Management, 2001,21:271-277.

[30] University of Washington & CH2MHill. Greenroads v1.5 Manual.. January 2009. http://www.greenroads.us/

[31] Federal Highway Administration (FHWA). Sustainable Highways Self-Evaluation Tool[M]. FHWA, U.S. Department of Transportation, Washington, D. C., 2011.

[32] Canadian Construction Association. Road Rehabilitation Energy Reduction Guide for Canadian Road Builders[S]. CCA-Ontario. 2005. http://www.cca-acc.com/homepage_e.asp.

[33] National Pollutant Inventory. Emission Estimation Technique Manual for Hot Mix Asphalt Manufacturing[R]. Australia, June 1999.

[34] U. S Department of Energy. Future U. S. Highway Energy Use: A Fifty Year Perspective DRAFT[R]. May 3, 2001.

[35] U. S. Environmental Protection Agency. Hot Mix Asphalt Plants Emission Assess-

ment Report[R]. EPA 454/R-00-019, North Carolina 27711, December 2000.

[36] Chappat, M., Bilal, J.. The Environmental Road of the Future: Life Cycle Analysis, Energy Consumption and Greenhouse Gas Emissions [R]. Colas Group, 2003.

[37] Terrel, R. L., Hicks, R. G.. Viability of Hot In-Place Recycling as a Pavement Preservation Strategy[R]. California Pavement Preservation Center, Chico, California, Report Number: CP2C-2008-106. 2008.

[38] Miller, T., Bahia, H.. Sustainable Asphalt Pavements Technologies, Knowledge Gaps and Opportunities[M]. Modified Asphalt Research Center, University of Wisconsin Madison, 2009.

[39] Jim Chehovits, Larry Galehouse. Energy Usage and Greenhouse Gas Emissions of Pavement Preservation Processes for Asphalt Concrete Pavements[C]. Compendium of Papers from the First International Conference on Pavement Preservation, 2010.

[40] 龚志起. 建筑材料寿命周期中物化环境状况的定量评价研究[D]. 北京:清华大学,2004.

[41] 刘顺妮. 水泥混凝土体系环境影响评价及应用研究[D]. 武汉:武汉理工大学,2002.

[42] 郑莉. 路面材料 LCA 及其信息化开发[D]. 长沙:长沙理工大学,2007.

[43] 尚春静, 张智慧, 李小冬. 高速公路生命周期能耗和大气排放研究[J]. 公路交通科技,2010,27(8):149-154.

[44] 秦永春. 基于表面活性剂的温拌沥青混合料的设计及相关性能研究[D]. 上海:同济大学,2009.

[45] 程玲,闫国杰. 温拌沥青混合料摊铺节能减排效果的定量化研究[J]. 环境工程学报,2010,4(9):2151-2155.

[46] 张雷,徐静珍. 水泥行业节能减排综合测评指标体系的构建[J]. 河北理工大学学报,2010,32(2):105-108.